초판 1쇄 인쇄	2014. 12. 24.
초판 1쇄 발행	2014. 12. 26.
개정판 1쇄 인쇄	2015. 1. 13.
개정판 2쇄 발행	2015. 3. 16.

지 은 이: 최정원
그 린 이: 초록인
펴 낸 곳: 초록인
편집 및 디자인: 신정범

주소: 경기도 용인시 처인구 명지로 15-20 용인디지털산업진흥원 206.
전화: 031) 322-5153
등록번호: 101-08-08790
전자우편: chorogin@naver.com
ⓒ최정원 2014.

ISBN
정가 15,000원
인문·실용[인문], 공룡화석산지 여행정보[관광여행서]
*이책의 저작권은 저자에게 있으며 무단 복제와 전재는 법으로 금지되어 있습니다
잘못된 책은 구입하신 곳에서 교환해 드립니다

「이 도서의 국립중앙도서관 출판예정도서목록(CIP)은 서지정보유통지원시스템 홈페이지(http://seoji.nl.go.kr)와 국가자료공동목록시스템(http://www.nl.go.kr/kolisnet)에서 이용하실 수 있습니다.(CIP제어번호: CIP2015001233)」

Shall we go?

중생대 한반도로 떠나는 여행

"신세대 엄마·아빠의 공룡여행 참고서"

초록인

감사의 말씀

이 책을 쓰기까지 정말 많은 분들의 도움이 있었다. 하지만 누구보다도 2014년 파주 북소리 행사에서 내게 이 책을 출판할 기회를 주신 B.M컴퍼니의 백민철 팀장님, 이승훈 북스페이스 대표님, 마음의 숲 이현정 주간님, 정관성 한국출판문화산업진흥원 전략기획실 정책개발팀 팀장님이 아니었다면 이 책은 어쩌면 빛을 볼 수 없었을는지도 모른다. 책을 장사의 수단으로만 아는 출판업자들에게는 결코 보이지 않을 가치를 알아주신 심사위원님들의 혜안이 아니었던들 이 책은 갑갑한 컴퓨터 안에서 길고 긴 겨울잠을 자고 있었을 것이다. 그 분들의 격려에 보답하기 위해서라도 이 책을 경제성까지 갖춘 문화상품으로, 나아가 대중예술보다 한 차원 높은 학술 테마 여행 한류의 주역으로 키우겠다는 사명감을 나는 언제나 내려놓지 않으려고 한다.

출간을 준비하면서 제일 힘들었던 것은 해당 이미지에 대한 저작권의 확보 문제였다. 나도 처음에는 공룡에 관한 책을 낼 엄두가 나지 않았다. 어마어마한 삽화 비용과 칼라 인쇄 그리고 그림을 제대로 살릴 아트지 비용 때문이다. 그러나 나를 믿고 뽑아주신 분들을 생각하면서 반드시 책을 내리라고 결심했다. "구하라 그러면 얻을 것이요, 두드려라 그러면 열릴 것이다." 내 유일한 수호자인 그 분이 해 준 말이다. 그래서 구했더니 많은 분들이 기적처럼 나를 도와주셨다. 그 중에서도 국립문화재연구소 소장 자료뿐만이 아니라 본인이 어렵게 찍어 온 사진을 쾌히 사용하도록 허락해 주신 국립문화재연구소의 공달용 박사님께 무어라 감사의 말씀을 드려야 할지 모르겠다. 일러스트레이션만으로 해결할 수 없는 중생대 화석 사진들과 최근에 발견된 하동의 수각류 화석 사진 등은 다 그 분께서 주셔서 독자들에게 소개가 가능했다. 화성근처 탄도항구의 아름다운 풍광 사진을 보내주신 조선대학교 송종

순 교수님께도 감사드린다.

　또한, 고성공룡박물관의 곽권희 학예사님은 고성공룡박물관 이미지들을 사용할 수 있도록 조치해 주셨다. 진주 맛집 정보와 진주지방 음식점 정보, 화보를 사용할 수 있도록 해 주시고, 친절한 공무원의 귀감을 보이신 진주시청 문화재관리과 여러 선생님들께도 절을 올리고 싶다. 용의 아들 조풍 사진을 사용할 수 있도록 허락해 주신 곽동해 교수님께도 감사 인사를 드려야한다. 협조요청을 드렸을 때 한 번 만나 보지도 못한 나를 위해 선뜻 화보 사용을 허락하셨다. 맛집 정보의 생생한 사진을 사용하도록 허락해 주셨던 블로거 운영자들과, 또 화성의 물레방아 사장님, 추위를 아랑곳하지 않고 백방으로 뛰면서 지인들을 통해 이미지를 모아주고 내 대신 집안을 돌봐 주었던 아들에게도 감사한다.

　나 혼자 사는 외로운 세상인 것 같지만 아직도 우리 주위에는 남의 어려움을 모른 척 지나치지 않으려는 가슴 따뜻한 분들이 많이 있다. 그 분들 모두에게 깊이 머리 숙여 고마움을 전하며 다소 서두르느라 부족했던 부분은 빠른 시일 내에 고쳐 계속 업그레이드 된 새로운 본을 내놓겠다는 것을 약속드린다.

　현암사에서 출간했던 '창작동화로 읽는 자연사 시리즈' 중 중생대 부분인 "공룡이 세상을 지배하다."를 쓸 때 초면인 나를 무조건 도와주셨던 척추고생물학자 이융남 박사님, 혜성관련 부분에 대한 설명과 자료를 주셨던 대덕천문대의 김봉규 박사님, 신석기 부분을 감수해 주셨던 고 이기백 교수님 그리고 지금은 이름을 잊은 서울대학교 지질학과 대학원생 여러 분들 덕으로 아직도 나는 과학에 대한 글을 쓰고 있다. 이 책과 직접적인 관계는 없지만, 공룡과 중생대에 무한한 애정을 가지는 계기를 마련해 주신 배성호 대표님께도 감사한다. 연도의 첫 숫자가 19로 시작하던 20세기 말에 내게 "자연사"에 대한 글을 써 보지 않겠느냐고 처음으로 제의했던 분이 바로 우리누리 배성호 대표님이었기 때문이다. 배 대표님께서 소개해 주신 K출판사와는 이런 저런 이유로 출간협상이 결렬되었지만 그 후 현암사에서 창작동화를 통해 자연사를 배우도록 기획한 '동화로 읽는 자연사박물관시리즈'를 내게 되면서 수학·과학이야기와 나와의 인연은 지금까지 계속되고 있다.

 이 분들 모두가 내게는 소중한 은인들이다. 초록인이 이 책을 시작으로 정말 독자들에게 유익한 책을 내는 출판사로 우뚝 서기를 기원하면서 미처 이름을 올리지 못했지만 그동안 나를 도와주신 모든 은인들께 다시 한 번 깊은 감사의 절을 올리고 싶다.

『중생대 한반도로 떠나는 여행』 활용 매뉴얼
- 이 책을 여행길에 읽을 독자를 위하여 -

    여행을 떠나는 일은 언제나 설레고 신나는 일이다. 기차, 자동차, 비행기 안에서 자투리 시간이 날 때면 창밖으로 지나치는 경치를 보는 것도 즐거운 일이지만 그런 시간이 너무 길어지면 잠시라도 권태감에 휘말릴 때가 있다. 이 때 자신이 떠나는 여행지에 대한 정보를 얻는 일은 언제나 즐겁고 유익하다는 생각이 들게 한다. 유흥을 위한 여행보다는 조금 더 유익한 여행을 기획하고 있더라도 여행은 머리를 쉬어가며 새로운 활력을 얻는 과정이라는 생각으로 홀가분하게 다가가 보자. 다람쥐 쳇바퀴 돌 듯 맴돌던 거주지를 떠나 여행지를 선택하고 예산을 세우고 교통수단을 정하고…. 그 외 여러 가지 복잡한 준비에 시달릴 독자들을 위해 효율적으로 이 책을 읽는 순서를 제안하고자 한다.

    이 책을 샀다는 것은 독자들이 심리적으로든 물리적으로든 공룡을 테마로 한 여행에 동참했다는 뜻이다. 그렇다면 여행 태마를 일단 공룡으로 정한 후일 것이므로 여행 세부 계획을 세울 때 당장 활용하기 위해서 "3부. 공룡 따라 배낭 메고", 그 중에서도 Ⅱ장 "공룡의 천국 남해안으로 가자"를 먼저 읽을 것을 권한다. 이 장에는 수많은 공룡산지 중 어떤 곳을 고를 것인지 선택할 수 있는 자료를 수록해 놓았다. 이 장을 참고로 하여 여정을 정한 다음에는 알뜰하고도 쾌적하게 여행을 할 수 있도록, 숙박 정보와 함께 즐길 수 있는 주변관광지를 소개했다. 물론 이 정보서를 포함한 모든 출판물에 대해서, 맹신은 금물이다. 하루가 다르게 변화하는 "빠른" 세상이다 보니 어제 있던 업소가 오늘 없어질 수도 있고 영업은 하지만 갑자기 공사를 한다든가 휴업을 해서 연락 불능에 빠질 수도 있기 때문이다.

    다른 장에는 해당되지 않는 말이지만 이 장에서 다룬 숙박정보, 음식점 정보의 경우, 이 책을 집필하던 시점과 판매된 시점의 차이에 의해 상황이 달라질 수도 있다. 다음으로는, 그럼에도 불구하고 이 책이 대략적으로 어디로 가면 어떤 목적을 달성할 수 있는지에 대한 안내자 역할은 할 수 있으리라는 것이다. 사라진 숙박업소나 음식점이 있더라도 대개 여행지의 숙박업소, 음식점 등등은 모여 있기 마련이므로 여기 적힌 정보는 최소한 차선책으로는 언제든 활용할 수 있다는 것이다. 또 한 가지 이 책을 읽기 위한 안내로서 덧붙이고 싶은 것은 공룡과 관련된 관광지 등은 한 장(章)에 일목요연하게 모아 놓았지만 고생대 지층 등 다른 정보는 해당본문에서 바로 확인할 수 있도록 소개 내용과 병행해 실어 편리함을 추구했다는 사실이다.

여정 중에 발견하는 경치의 아름다움이나 동행인과의 즐거운 수다가 권태로워질 무렵이면 3부 Ⅲ장 1, 2절 "인간 세상에 스며든 용의 혈통을 찾아 - 호승지의 분류"와 "2. 이동양의 「회록당집(懷麓堂集)」에 나타난 용의 혈통 분류" 그리고 3절 "3. 살아남은 공룡들의 이야기, 용 설화"를 읽어보기 바란다. 용 설화의 경우, 공룡 뼈나 화석이 발견된 곳에 대한 소문이 영웅설화와 결합되어 나타나는 예가 흔하므로 스토리텔링의 힘으로 여행을 훨씬 더 즐겁게 해 줄 것이다. 공룡은 거대 파충류의 멸종 이후 후일담 속에서, 어린시절 옛날이야기를 들려주던 어른들에 대한 아련한 기억 속에서 "용"이라는 옷을 입고 여전히 우리 가운데 살아 숨 쉬고 있다. 어떤 파충류가 공룡과 어느 정도의 관계가 있는가를 퀴즈처럼 푸는 데는 각 절에서 소개하는 용의 아홉 아들에 대한 설화와 공룡시대에 함께 살아갔던 동물들에 대한 이야기가 펼쳐지는 부분이 도움이 될 것이다. 이 장은 재미와 상식이라는 두 마리 토끼를 잡을 수 있는 부분이다.

이제 다른 단계의 자투리 시간 활용하는 방법이 둘 남았다. 순서를 거스른 설명일 수도 있지만 필자는 가장 경황이 없는 독자를 중심으로 이 TIP을 제공했으므로 이제 이 책을 집필한 목적인 제 1 장부터 차근차근 볼 수 있는 시간에 대해 제의하려 한다. 모든 책은 앞이 조금 지루하거나 당장 자신이 원하는 답이 나오지 않더라도, 사실, 처음부터 꼼꼼히 읽는 게 좋다. 잠시 머리를 쉴 겸 여행을 가고 싶은데 해외여행을 가는 것은 시간적으로나 경제적으로나 너무 많은 비용을 지불한다는 생각이 들어 국내 테마 여행을 계획했다면 금상첨화다. 이 책을 왜 집필했는지, 이 책에서 소개하는 공룡과 중생대는 어떤 것이며 그것들을 안다는 것이 어떤 의미가 있는지 순서대로 읽을 시간을 내는 데 큰 무리가 없을 것으로 여겨지기 때문이다. 일단 여행을 "지른" 다음 숙박지에서 하루 여정이 끝난 후, 우리는 텔레비전이나 비디오밖에 볼 게 없는 경우를 흔히 맞닥뜨리게 되는데, 이 때 독서삼매경에 빠져 보는 것도 일분일초 낭비하지 않고 시간을 활용할 수 있는 좋은 전략이라고 생각한다. 가족여행을 떠났다면 자녀와 나란히 앉아 공룡이 살았던 시대를 스토리텔링으로 함께 읽는 것도 여행의 격을 높여주는 훌륭한 시간활용 방법이다.

여기서 자녀와 함께 읽는 책으로서 추천하려는 것은 『공룡이 세상을 지배하다』라는 창작동화이다. 이 책은 시리즈로 기획되었는데, 1999년 현암사에서 출판되었으며 시생대~고생대/중생대/신생대 및 현대에 이르는 지구의 자연사를 창작동화로 한눈에 보여준다. 그 중 제2권 중생대 편, 『공룡이 세상을 지배하다』는 동화주인공들이 엮는 창작이야기를 통해 중생대 전반을 이해할 수 있게 해 준다. 그러나 이 동화의 제작사에서는 가장 매출이 좋았던 중생대 편만 집중적으로 출판·판매하기로 결정함으로써 어린이들에게 자연사 전체를 보여준다는 저자의 의도와 배치되었으므로 계약관계를 종료하고 새로이 펴내기로 결정하게 되었다. 이 시리즈는 곧 앱북이나 전자책으로도 출시될 전망이다. 이 책은 현재 초록인에서도 일정 부분 보유하고 있고, 인터넷 중고책방에서도 구할 수 있을 것이다. "동화로 읽는 자연사 박물관" 시리즈는 새별이라는 아기 혜성이 체험영화의 주인공이 됨으로써 지나간 각 시대 동물들과 만나 사귀고 끈끈한 관계를 맺으며 그 시대를 몸과 마음으로 직접 체험해 가는 휴먼스토리인데 감성이 풍부한 어린이들이 읽으면 유익할 것이다.

집을 떠나 관광을 하고 맛있는 음식을 먹고 놀다 오는 이제까지의 틀에 박힌

여행길에서 "나"라는 인간 개체가 느끼는 감동은, 한 종(種)의 탄생과 그 종이 살다 사라져 간 궤적 전체가 보여주는 감동이라는 밑그림과 견주어보면 알아보기 힘들 정도로 미미한 것인지도 모른다. 즐기는 여행에서 탈피하여 일상적인 여행이 주는 감동과 함께 철학과 학습과 탐구를 병행할 수 있는 첫 번째 코스로서 공룡의 흔적을 따라가는 여행을 선택할 것을 권하면서 우리 사고(思考)로 미리 가 보는 일종의 생체 컴퓨터 시뮬레이션 여행[이 책을 읽는 것]에 보다 많은 독자들이 참여하기를 빈다.

차례

1부. 중생대의 꽃, 공룡은 누구인가?

Ⅰ. 공룡에 대하여 / 23

    1. 공룡의 분류 / 24

    1-1. 공룡의 조상과 원시 공룡들 / 28

    1-1-1. 원시파충류 / 28

    1-1-1-1. 세이무리아 / 28

    1-1-1-2. 조치류 / 28

    1-1-1-3. 캅토리누스와 코틸로사우루스 / 29

    1-1-1-4. 포유류형 파충류 / 30

    1-2. 원시공룡들 / 32

    1-2-1. 공룡의 종류 / 32

    1-2-1-1. 최초의 공룡 헤레라사우루스[Herrerasaurus] / 32

    1-2-1-2 에오랍토르[Eoraptor] / 33

    1-2-2. 용반목 공룡들 / 35

    1-2-2-1 용각아목 / 35

    1-2-2-2. 수각아목 / 35

    1-2-3 조반목 공룡들 / 36

    1-2-3-1. 장순아목 / 36

    1-2-3-2. 각각아목 /38

    2. 공룡이 태어난 배경 / 40

    2-1. 생명은 어떻게 탄생했는가? / 41

    2-1-1. 자연발생설과 생명발생설 중 옳은 것은? / 42

    2-1-2. 밀러의 화덕에서 아미노산을 구워내다. / 43

    2-1-3. 밀러의 실험에 오류는 없는가? / 44

2-1-4. 우리 조상이 외계에서 왔다면? / 46

2-2. 공룡이 출현하기 전에는 누가 살고 있었을까? / 47

   2-2-1 삼엽충 / 48

   2-2-2 두족류와 어류 / 50

   2-2-3 양서류와 고생대 식물 양치류 / 52

   2-2-4 어류와 해백합 / 52

II 중생대 한반도에 살았던 공룡들 /54

1. 용반목 / 54

1-1. 용각류 /54

   1-1-1. 울트라사우루스 탑리엔시스 / 54

   1-1-2. 키아유사우루스 아시아넨시스 (Chiayüsaurus asianensis) / 55

   1-1-3. 코리아케라톱스 화성엔시스

        (Koreaceratops hwaseongensis) / 55

1-2. 수각류 / 57

   1-2-1. 벨로키랍토르 / 58

   1-2-2. 오비랍토르 / 59

   1-2-3. 타르보사우루스 / 60

   1-2-4. 코리아노사우루스 보성엔시스

        (Koreanosaurus Boseongensis) / 61

2. 조반목 / 62

   2-1. 오리주둥이공룡 마이아사우라 / 62

   2-2. 이구아노돈 / 64

3. 그 외 남해안 공룡발자국 –

       숨겨진 이름, 혹은 인정받지 못한 이름의 주인공들 / 64

4. 아직 이름도 지어주지 못한 하동의 꼬마 공룡 / 67

Ⅲ 공룡이 아닌데 공룡이라 오해받는 동물들 / 68

    1. 익룡 / 68

    1-1. 프테로닥틸루스 / 69

    1-2. 해남 이크누스 우항리엔시스 / 70

    2. 수장룡, 어룡 그리고 악어 / 71

    2-1. 수장룡 / 71

    2-2 어룡 / 72

    2-3. 중생대 토종 한국 악어,
        하동수쿠수 아세르덴티스(Hadongsuchus acerdentis) / 72

    3. 끊임없이 목격되는 수장룡의 후손들 / 75

    3-1. 네시호의 괴물과 백두산 괴물 / 75

    3-2. 살아남은 공룡, 혹은 수장룡 모켈레므벰베(Mokele-Mbembe) / 77

    4. 시조새 / 79

2부. "질풍노도"의 세기 중생대, 그 시작과 끝

Ⅰ. 대륙의 이동 / 85

    1. 판게아와 곤드와나 / 85

    2. 한반도는 어디쯤에 있었을까. / 86

    3. 중생대 한반도 엿보기 / 87

    3-1. 많은 화석을 선사한 1억 년 전 한반도의 모습 / 88

    3-2. 중생대 지층과 암석 / 89

    3-2-1. 충남 보령 일대 / 89

    3-2-2. 단양~문경 일대의 중생대 퇴적암(반송층군) / 90

    3-2-3. 경상누층군 / 91

    3-2-4. 한반도에서 공룡뼈와 화석이 발견되지 않았던 이유 / 93

Ⅱ. 역사상 생물 대절멸 사건들, 그리고 공룡의 최후 / 94

    1. 5번에 걸쳐 일어난 생물 대멸종 / 95

    1-1. 고생대 오르도비스기말 대멸종 / 95

    1-2. 고생대 데본기 말 멸종 / 96

    1-3. 페름기-트라이아스기 멸종 / 96

    1-4. 트라이아스기-쥐라기 멸종 / 96

    1-5. 백악기-제3기 대멸종 / 97

    2. 공룡의 최후 / 98

    2-1. 운석 충돌설 / 98

    2-2. 지구내부원인설 / 100

3부. 공룡 따라 배낭 메고.

Ⅰ. 공룡은 바닷가에서만 발견된다? / 105

    1. 경기도 화성시 고정리 화석산지 / 106

    1-1. 고정리에는 무엇이 있나? / 107

    1-1-1. 고정리 화석산지 전시관, 〈화성공룡알화석산지방문자센터〉 / 107

    1-1-2. 코리아케라톱스 화성엔시스 / 108

    1-1-3. 끝없이 펼쳐지는 갈대밭 / 111

    1-2. 고정리에서 하룻밤, 어디에 들르고 어디서 머물까? / 111

    1-2-1. 화성의 미래 송산그린시티 / 111

    1-2-2. 공룡의 도시에서 온천욕 즐기기 / 113

    1-2-2-1. 율암온천숯가마테마파크 / 113

    1-2-2-2. 월문온천 / 114

    1-2-2-3. 발안식염온천 / 114

    1-2-2-4. 미라클워터월드 / 114

    1-2-2-5. 하피랜드 / 115

1-2-3. 화성에서 둘러보아야 할 곳 / 115
　　1-2-3-1. 융릉 / 115
　　1-2-3-2. 용주사 / 116
　　1-2-3-3. 궁평항 / 117
　2. 과천에 공룡이 살았다? / 118
　　2-1. 국립과천과학관 / 119
　　2-1-1. 기초과학관과 첨단기술관 명예의 전당 등 / 119
　　2-1-2. 공룡을 만날 수 있는 자연사관 / 120
　　2-1-3. 옥외전시관 / 120
　　2-2. 과학관 주변의 둘러볼 곳 / 120
　　2-2-1 과천경마장 / 120
　　2-2-2. 서울랜드 / 121
　　2-2-3. 국립현대미술관 / 121
　　2-2-4. 서울대공원 / 122
　　2-2-5. 한국카메라박물관 / 122

Ⅱ. 공룡의 천국 남해안으로 가자. / 123
　1. 어디로 가야 한눈에 공룡화석을 볼까? / 123
　　1-1. 고성공룡박물관 / 124
　　1-2 고성공룡박물관 주변의 둘러볼 곳 / 128
　　1-2-1. 진주산림박물관 / 128
　　1-2-2. 산청한의학박물관 / 129
　　1-2-3. 의령의병박물관 / 130
　　1-2-4. 그 외 둘러볼 가치가 있는 곳 / 130
　　1-3. 우항리 공룡박물관 / 132

Ⅲ. 공룡의 후손, 설화 속의 용을 찾아 / 134

1. 인간 세상에 스며든 용의 혈통을 찾아 – 호승지의 분류 / 137

1-1. 용의 맏아들 비희(贔屭) / 138

1-2. 둘째아들 이문(螭吻) / 139

1-3. 용의 셋째아들 포뢰(浦牢) / 140

1-4. 용의 넷째아들 폐안(狴犴) / 140

1-5. 용의 다섯째아들 도철 / 141

1-6. 용의 여섯째아들 공하 / 144

1-7. 용의 일곱째 아들 애자(睚眦) / 145

1-8. 용의 여덟째아들 산예(狻猊) / 145

1-9. 용의 막내아들, 초도(椒圖) / 148

2. 이동양의「회록당집(懷麓堂集)」에 나타난 용의 혈통 분류 / 150

2-1. 용의 맏아들 수우와 셋째 아들 조풍 / 151

2-2 용의 여덟째아들 부희 / 152

3. 살아남은 공룡들의 이야기, 용 설화가 서린 곳 / 153

3-1. 감은사와 용연 그리고 만파식적 / 154

3-2 황룡사와 구층 목탑 / 156

3-3. 용소설화가 서린 곳 / 157

3-3-1. 양산 통도사 터에 얽힌 이야기 / 157

3-3-2. 지금은 갈 수 없는 땅, 황해도에 내려오는 용소설화.」 / 158

3-3-3. 기록설화에서 만나는 황해도 용소 설화의 원류 / 159

3-3-4. 용과 그 핏줄들의 이야기. / 161

　　　서사무가 "원턴강 본푸리" 속의 청수와당 이무기 / 163
　　　책 속의 책 ㅣ시간의 여신 원천강 오늘이 / 167

책 속의 보너스 | 박물관•음식점•숙박정보

    1. 코리아케라톱스 화성엔시스네 놀러 가면 무얼 먹을까? / 176

    1-1. 물레방아 / 176

    1-2. 어부의 집 / 177

    1-3. 시골마당 / 177

    1-4. 유람선이 있는 회집 / 178

    2. 고성 공룡들과 놀다 배고플 땐 무얼 먹을까? / 180

    2-1. 천황식당 / 180

    2-2. 진주냉면 / 180

    2-3. 진주 교방 한정식 / 181

    2-4. 허기를 채우는 탁월한 경제적 선택은? / 181

    2-5. 진주 헛제삿밥 / 182

    2-6. 수복빵집 / 182

    2-7. 그 외, "놀명 쉬명" 들러볼 곳들 / 183

Tip: 알아두면 편리한 고성의 저렴한 숙소 주소와 전화번호

      일정이 넉넉한 여행자를 위한 TIP !! 대한민국의 모든 박물관!!!

제 1 부
중생대의 꽃, **공룡**은 누구인가?

1부. 중생대의 꽃, 공룡은 누구인가?

I. 공룡에 대하여

우리는 인간을 만물의 영장이라고 부른다. 십여 년 전만 해도 인간이라는 종(種)에 대하여 '인간이 동물과 다른 것은 언어를 사용한다는 사실'이라거나 유일하게 문화가 있는 종이라는 등의 설명이 공인된 명제로서 사용됐다. 그러나 동물을 대상으로 한 실험결과가 축적되면서 이는 사실이 아님이 밝혀졌다. 어류는 약 10~15, 조류는 15~25, 포유동물은 20~40 가지의 의사표현을 위한 소리나 몸짓을 사용하는 것으로 알려졌다. 그러나 동물은 언어를 매개로 한 문화와 사회형성이 불가능하다거나 동물의 울음소리가 어느 대륙이나 똑같다는 것, 즉 인간은 유전적으로 새로운 언어를 습득하는 능력이 있으나 동물은 그럴 수 없으므로 동물이 가진 몇 가지 의사소통 수단은 진정한 언어가 아니라는 것이 일반적인 생각이나. 몇 가지 실험결과만을 근거로 하여 진징한 의미의 언어는 인간만이 가진다고 주장하는 이론이 여전히 대세를 이루고 있는 것이다. 실제로 꿀벌이나 개미는 자신들의 거대한 도시를 건설하고 있고 행동이나 페로몬을 이용해 의사소통을 효율적으로 하고 있으며 개미의 경우 인간이 가축을 키우듯이 버섯을 재배하거나 진딧물을 키우는 "가축"우리를 그들이 건설한 지하제국에 설치해 운영하고 있다. 새들도 지역마다 자신들 특유의 울음소리를 가지고 있는데, 언어가 인간만의 고유특성이라는 주장을 하는 과학자들의 경우 자신들의 귀에 들리는 소리가 비슷하다고 하여 이렇게 성급한 결론을 내린 것이다.

빅토리아 대학의 몇몇 조류학자들은 북반구에서 이주해 온 새들이 뉴질랜드에 정착한 후 토종새 울음소리와 같은 특유의 엑센트를 따라한다는 사실을 밝혀낸 바 있다. 빅토리아 대학의 벤 벨(Ben Bell)교수와 함께 새소리에 대한 연구를 진행했던 연구자 조셉 아자르(Joseph Azar)에 따르면 웰링턴에 있는 질랜디아(Zealandia) 생태공원에서 초음파 녹음기로 녹음한 새소리를 분석한 결과 유럽종인 새들이 토종새들의 울음소리를 따라하게 되었고 그 결과 토종새들이 모여들어 생태공원 내에 토종새가 증가했다는 것이다. 토종새가 증가했다는 사실은 무엇을 말하는 것일까? 바로, 타지역의 동종 생물과 의사소통이 되었다는 것, 인간에게 적용하자면 다른 나라로 이주해 그 나라 언어로 이웃과 의사소통이 가능해진 결과 친구가 생겼다는 것과 같은 현상이라고 말할 수 있다. 아자르는 이 관찰 결과에 의거하여, 많은 조류들이 인간처럼 지역적으로 다른 사투리를 가지고 있다는 사실을 제시했다. 인간과 같은 시대를 함께 살아가는 동물들이 이럴진대, 인간의 까마득한 조상이 주머니쥐 유(類)의 보잘 것 없는 생물이던 중생대 백악기 말, 즉 지금으로부터 6500만 년 전까지 지구를 약 2억년 이상 지배한 동물군인 공룡에게 어떤 문화가 있었는지 그들이 어떤 지적인 능력을 지녔었는지 파악하는 것은 불가능에 가깝다. 분명한 것은 그들이 인간보다 못나서 멸종한 것이 아니라 운석의 충돌로 추정되는 어떤 천재지변에 의해서 지구상에서 모습을 감추었다는 사실이다. 만일 공룡이 멸종하지 않았다면 인간이 지구상에서 지금과 같은 위치를 누릴 수 있었을까. 인간이 지구에 출현한 지 이제 겨우 700만년, 한껏 부풀려 최대 800만년이라고 볼 때 공룡이 지배했던 2억년이라는 세월은 인간과는 비교할 수도 없이 긴 시간이다. 6500만 년 전, 행성충돌이나 그 외 어떤 재앙으로 인해 그들이 멸종하지 않았다면 지금도 인류는 그들의 그늘에서 몸을 숨기며 살아가고 있었을 것이다. 자기 자신을 닮은 인간이 장차 살아갈 땅을 돌보기 위해 전지전능한 존재가 마치 해충 박멸하듯 모두 멸종시켜 버린 것처럼 2억년이라는 긴긴 세월 동안 지구를 지배하다가 한 순간에 사라진, 이 무시무시하고 매력 있는 동물의 흔적을 따라 떠나는 여정을 이제부터 시작해 볼까 한다.

1. 공룡의 분류

우리는 일반교양을 쌓는 기간인 고등학교 과정까지의 과학 과목 안에 생물을 포함시키고 있다. 그리고 그 시간에 동물 분류기준을 체계적으로 이해할 수 있도록 "계, 문, 강, 목, 과, 속, 종"이라는 수수께끼 같은 말을 가르친다. 대부분의 우리는 일상적으로, 종을 넘어서는 분류를 생각해 본 적이 없지만 이런 생소한 말을 이해하기 위하여 학생 시절에는 생물 탄생의 역사를 공부하고 되짚어 보게 된다. 그 즈음이면 느끼는 바가 있을 것이다. 인간에게 붙이는 "만물의 영장", "지구의 주인" 등의 단어가 너무나 오만하다는 사실 말이다. 이 세상에는 너무나 많은 종류의 생명이 살다 갔고 또 현재에도 헤아리기 어려울 만큼 많은 숫자의 생물이 함께 살아가고 있다. 이들의 계보와 비교하면서 인류의 기원을 따라가다 보면 인간의 위치는 지구의 하루라는 시간 축에서 너무나 하위에서 발견된다는 사실을 깨달을 수 있다. 그러면 우리 인류보다 훨씬 오래 전에 살았던 이 동물들의 위치는 어느 정도에 속해 있는 것일까?

공룡은 영어로 다이노서(dinosaur)이다. 아마 요즘은 초등학생들도 아 아는 단어일 것이다. '다이노스(Dinos)'는 '데이노스(deinos)'라는 그리스어에서 파생되었는데 '무시무시'하다는 뜻이며 '사우르(saur)'는 그리스어 '사우로스(sauros)'에서 파생된 것으로 '도마뱀'이라는 뜻이다. 즉 무시무시한(恐) 도마뱀(龍)이 바로 공룡이다. 대부분의 공룡의 몸집은 이 이름처럼 상상을 초월할 만큼 크며 그 힘 또한 측정하기 어려울 정도로 강하리라 여겨진다. 하지만 공룡의 조상이라고 할 초기 동물들은 아담한 체구를 가졌던 것으로 밝혀졌다. 이들은 파충류였지만 출현 당시에는 현재 지구상에서 살아가는 같은 유의 동물들처럼 뚜렷한 특징을 나타내지는 못한 상태였다. 양서류와 혼동될 정도로 생활반경도 물과 가까웠던 것으로 보인다. 그러나 화석 등을 통해 알아낸 것은 이들이 알을 육지에 낳았다는 사실이었다. 이들로부터 시작된 파충류는 시간이 지남에 따라 차차 체구가 커져 드디어 공룡이라는 이름으로 불리게 되었고 현재 화석을 통해 알려진 특징들을 갖추게 된다.

우리가 이제까지 알아낸 특징을 중심으로 위에서 언급한 생물분류 단계에 맞춰 정확한 공룡의 계보를 짚어보자. 공룡은 동물계-척추동물(척색동물)문-파충강에 속한다. 분류체계상, 강 다음은 목. 여기서부터 공룡의 형태에 따라 세부적인 분류가 이루어진다. 공룡은 골반의 모양이 현대의 조류처럼 생긴 부류가 있고 도마뱀처럼 생긴 부류가 있다. 조류와 같은 골반을 가진 부류는 조반목이라 하고 도마뱀과 같은 골반을 가진 부류는 용반목이라고 한다. 용반목은 다시 발 모양에 따라 조류처럼 다리를 둘 가진 수각아목(Theropoda)과 포유류처럼 4개의 발을 가진 용각아목(Sauropodomorpha)으로 나뉜다. 수각류는 거의 육식성이나 잡식성이었고, 용각류는 몸집이 큰 초식공룡이다. 훗날 새로 진화하는 것은 몸집이 비교적 작은 소형 수각류로 추정된다. 공룡은 중생대 내내 번영을 이루며 점차 대형화 된다.

다음의 그림은 용각류와 조각류의 골반이 어떻게 다른지를 보여주는 그림이다. 용각류는 도마뱀처럼 장골(ilium) 치골(pubis), 좌골(ischium)이 각각 다른 세 방향을 향하고 있고, 좌골과 맞닿아 있는 치골의 다른 면이 장골 앞에 위치하는 것으로 구분할 수 있다. 반면에 조반류는 치골이 좌골과 평행한 모습의 골반으로 진화했다. 이 형태는 새와 비슷하기 때문에 조반류라는 이름이 붙었다.

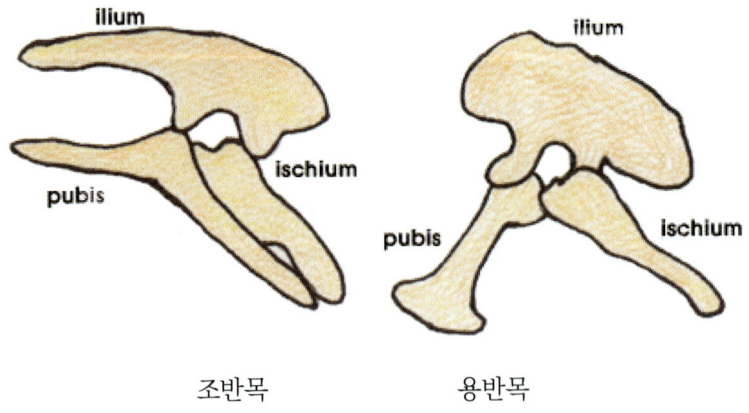

조반목   용반목

그런데 어느 날 이들은 알 수 없는 이유로 전멸하게 된다. 폼페이 유적지에서 발견된 사람들의 화석처럼, 풀을 뜯다 말고, 혹은 서로 엉키어 물고 물리며 싸우다 말고 그대로 화석이 된 공룡들의 모습은 당시의 긴박했던 상황을 말해준다. 인류라는 종의 차원에서 공룡의 최후를 뒤따르지 않으려면 어떻게 해야 할 것인가. 거창한 대책을 세우기보다 그들에 대해 바로 아는 것만으로도 우리는 지금보다 훨씬 겸허하고 유익한 삶을 살 수 있을 듯하다. 공룡이 태어나기까지 지구에는 누가 어떻게 살아가고 있었는지, 중생대 초기부터 백악기 말 운석의 충돌이 있기까지 지구에서 가장 중요한 동물로 군림하던 공룡은 얼마나 다양한 종을 가지고 있었는지, 확인해 보기로 한다.

1-1. 공룡의 조상과 원시 공룡들
1-1-1. 원시파충류
1-1-1-1. 세이무리아

고생대 페름기인 약2억 7000만 년 전에 파충류와 비슷한 동물이 나타났다. 소위 양서류형 파충류로서 양서류에서 진화한 지 얼마 안 됐지만 파충류처럼 알을 육지에 낳는 동물이다. 이들의 학명은 세이무리아(학명: Seymouria)이고, 초기에는 원시 파충류로 간주되었지만 후에 양서 강으로 분류하게 된다. 크기는 60센티미터 정도로 상당히 작았다.

그림: 초록인

1-1-1-2. 조치류 [Thecodontia, 槽齒類]

조치류(Thecodont)는 세이무리아가 세상에 모습을 드러낸 지 긴 시간이 흐른 후 나타난다. 이들은 공룡뿐만 아니라 익룡과 악어의 조상이기도 하다. 조치류는 턱뼈의 치조 속에 이가 있는 동물이라는 뜻이다. 몸길이는 1m정도이며 뒷다리가 앞다리보다 훨씬 길어 두 다리로 걸었다. 중생대 트라이아스기 초기에 나타나 말기까지 살아간 동물군이다. 테코돈트(Thecodont)와 같은 종류의 공룡목으로서 분류학상 악어류, 익룡류, 조반류와 같이 쌍궁아강을 이루며 파충강

테코돈트(그림: 초록인)

조룡상목(祖龍上目:아르코사우리아)에 속한 최초의 파충류이다. 악어처럼 들리는 쌍궁아강이라는 것은 두개골에 눈구멍과 콧구멍 외에 다른 구멍이 더 있는 동물들을 일컫는다. 비공이라는 구멍인데, 물에 가라앉을 때 다른 곳에 물이 들어가는 것을 막는다. 멸종해서 화석에서만 확인되는 동물을 화석동물이라고 하는데, 조치류는 삼첩기 말에 멸절했으므로 화석동물이다.

1-1-1-3. 캅토리누스와 코틸로사우르스

* 캅토리누스(Captorhinus: 보통 코틸로사우루스로 알려진 파충류이다.)는 캅토리누스과(Captorhininid科)에 속하는 파충류로 북아메리카에서 화석이 발견되었다고 한다. 페름기 초기 시수랄리아세(Cisuralian)인 2억8000만 년 전 ~2억7060만 년 전까지 살았던 것으로 추정된다. 캅토리누스는 몸길이가 40cm 정도밖에 안 되는 아주 작은 파충류였다.

* 코틸로사우르스(Cotylosaur)

캅토리누스(그림: 초록인)

　캅토리누스(Captorhinus)과의 동물로 역시 현대 파충류의 조상격이다. 가장 원시적인 파충류는 코틸로사우루스(Cotylosaurus) 일족인데, 고생대 석탄기에 번성했고 모두 네다리로 걸어 다니는 동물(4족 보행)이었다. 몸의 길이가 30cm 정도인 작은 종류와 1.5m에 이르는 큰 종류의 2종류가 발견되었다. 작은 종류에서는 용반류라는 파충류가 갈려나갔다. 이들에게는 물고기를 잡아먹는 데 알맞은 날카로운 이빨이 있었다. 이들은 스페나코돈(Sphenacodon)이라는 매우 공격적인 육식성 파충류로 진화했다. 크기도 상당히 커졌는데 돛 같은 모양의 판을 등에 지닌 디메트로돈(Dimetrodon) 혹은 스페나코돈류 같은 종류는 몸길이가 3.5m나 된다. 등에 솟은 판은 뼈가 붙어 있어 쉽게 접히거나 꺾이지 않았는데 화석을 분석한 결과 피가 흘렀을 것으로 추정되어 라디에이터처럼 체온조절을 하는 기관이었던 것으로 추정된다.

1-1-1-4. 포유류형 파충류

　고생대 말에서 중생대 초에 걸쳐 많은 종류의 파충류가 나타났는데, 이 중에는 포유류의 특징을 지닌 포유류형 파충류도 있었다. 이들은 디노케팔루스(Dinocephalus)·디키노돈(Dicynodon)·키노그나투스(Cynognathus) 등이다. 특히 키노그나투스는 트라이아스기 전기에 나타난 종으로서 개과동물 정도의 크기였고 매우 큰 송곳니가 있는 것으로 보아 포식성이 강한 파충류였던 것으로 추측된다. 고생대말 중생대 초에 기후가 매우 건조해졌는데, 두꺼운 껍질로 싸여 있고 두꺼운 껍질을 가진 알을 낳았던 파충류는 기후변화에 영향을 받지 않고 크게 번성했다. 새끼는 처음에는 알 속에서 아가미로 호흡을 했던 것으로 보이며 알 속에는 배설물이 영양분과 섞이지 않도록 배설물을 간직하는 주머니가 있었다. 성장한 파충류의 폐나 심장이 진화함에 따라 피부호흡을 할 필요가 없어졌으므로 기후의 건조화에 영향을 받지 않고 계속 진화해 나갈 수 있었을 것이다.

키노그나투스(그림: 초록인)

1-2 원시공룡들

후기에 어느 정도 진화한 공룡들은 골반의 생김새에 따라서 도마뱀을 닮은 용반목과 조류를 닮은 조반목으로 나뉘지만 처음부터 이렇게 특징이 뚜렷했던 것은 아니다. 초기 공룡은 몸체도 아주 작았을 뿐만 아니라 양서류처럼 물가에서 살았을 것으로 추정된다. 이들은 양서류처럼 땅 위를 기어 다니지는 않았고 땅위에서 알을 낳았다. 예전에는 공룡이 파충류강과 조류강 중 어느 쪽에 속하는지에 대해 논쟁이 있었지만 지금은 파충강 조룡아강의 용반목 및 조반목에 속하는 화석동물을 통틀어 공룡이라고 부른다. 공룡은 사라진 것이 아니라 조류로 진화했다는 의견이 점차 지배적으로 되어 가고 있으며 조류의 경우 용반목의 후손이라는 증거가 점점 늘고 있다.

1-2-1. 공룡의 종류
1-2-1-1. 최초의 공룡 헤레라사우루스[Herrerasaurus]

헤레라사우루스(그림: 초록인)

최초의 인간이 루시라면, 최초의 공룡은 헤레라사우루스이다. 헤레라사우루스는 '헤라의 도마뱀'이라는 의미를 지닌 라틴어이다. 잘 알려져 있다시피 헤라는 그리스 신화에서 가장 서열이 높은 신들의 왕, 제우스의 아내이며 아버지 우라노스에게 잡아먹혔다가 제우스에 의해 구출된 누이이다. 그리스 신화에서 최초, 최고의 여신인 헤라가 질투의 화신이며 연적들에게 잔인하게 복수를 한 것처럼 태초의 공룡인 헤레라사우루스는 이빨과 발톱이 매우 날카로운 것으로 볼 때 성격이 포악한 육식 공룡인것으로 추정된다.

이 공룡은 아르헨티나의 중생대 삼첩기말인 2억 2800만 년 된 지층에서 발견되었다. 날카로운 이빨과 발톱으로 원시 포유류나 도마뱀, 작은 초식 공룡 등을 잡아먹었을 것이다. 뒷다리가 길고 날씬해 빠른 속도로 달리며 사냥했을 것으로 보인다. 또한 근육이 발달한 긴 꼬리는, 달릴 때 몸의 균형을 잡아 주는 역할을 맡았다고 알려져 있는데, 이 꼬리로 사냥감을 후려친다면 훌륭한 무기역할도 했을 것이다. 헤레라사우루스의 족보를 밝히자면 동물계, 척추동물(척색동물)문, 파충강, 용반목, 원시 수각류이다. 크기는 3.5미터 정도로 후기 공룡에 비한다면 아담한 체구이다.

1-2-1-2 에오랍토르[Eoraptor]

1991년 아르헨티나의 북서지방 이쉬구알라스토에서 발견된 에오랍토르는 그리스 신화에 나오는 새벽의 여신 에오(Eos)와 도둑을 뜻하는 랍토르(Raptor)가 결합된 단어이다. 즉 공룡시대의 초기에 있었던 도둑이라는 뜻이다. 얼마 전 개봉된 영화 『군도』에서도 볼 수 있듯이 힘없는 자들이 먹이를 얻는 일반적인 양상은 흉기를 들고 무리를 지어 다니며 그 무리의 세력을 이용해 희생자의 것을 빼앗는 형태를 취한다. 이렇게 자그마하지만 난폭하고 무리지어 다니는 포식자들의 이름에는 랍토르라는 이름이 붙기 마련이다. 흉기 같은 톱니모양의 이빨이라든가 날렵한 몸매, 발달한 근육 상태로 볼 때 크기는 1.2미터 정도로 아담하지만 포유류형 파충류, 양서류 등의 온순하고 작은 동물들에게는 무서운 포식

에오랍토르(그림: 초록인)

자였을 것으로 보인다. 한 무리가 사냥을 나섰다면 자기보다 훨씬 큰 동물을 사냥하는 것도 어렵지 않았을 것이다.

용반목 수각아목에 속하는 공룡으로 앞 발가락이 다섯 개 있고 이 중 세 개는 길고 큰 것으로 보아 먹이를 붙잡을 수 있었을 것으로 추정된다. 이들은 빠른 속도로 달리면서 먹이를 포획하기 위해 척추에 가해지는 무리를 줄일 필요가 있었다. 에오랍토르와 같은 육식공룡의 골반 뼈에 있는 커다란 구멍은 이들의 척추가 골반 위로 직립형태를 이루었다는 사실을 뒷받침한다. 그리고 포유동물 중 호모 속(屬) 원인들과 마찬가지로 이족보행을 함으로써 앞발이 자유로워졌으므로 사냥보다는 다른 용도로 썼음직하다. 운석이 그들을 한 순간에 멸절시키지 않았다면 이들 이족보행이 가능한 공룡들의 지능은 상상을 초월할 정도로 발달하게 되었을는지도 모른다.

1-2-2. 용반목 공룡들
1-2-2-1 용각아목

용반목 공룡은 앞서 이미 설명을 했지만 골반이 도마뱀과 같은 공룡들이다. 용반목은 수각아목과 용각아목으로 나뉜다. 용각아목에 속하는 공룡들은 아래 표에 보이는 것처럼 대체로 초식공룡이고 몸체가 크며 거대한 식물의 잎을 따 먹기 쉽도록 목이 길게 진화했다.

용반류	용각류	디플로도쿠스. 루펭고사우루스, 마멘키사우루스, 마소스폰딜루스, 무스사우루스, 바로사우루스, 브라키오사우루스, 살타사우루스, 세이스모사우루스, 수퍼사우루스, 슈노사우루스, 아파토사우루스, 안키사우루스, 에우헬로푸스, 카마라사우루스, 케티오사우루스, 클라테오사우루스
	수각류	(아래 항목 표 참조)

1-2-2-2. 수각아목

수각아목의 공룡들은 대부분 육식공룡으로서 크기와 힘에 따라 먹이사슬의 위쪽에 위치한다. 중생대 쥐라기 먹이사슬의 정점에 놓인 것은 알로사우루스, 백악기의 정점에 있는 것은 너무나 유명한 티라노사우루스이다. 영화『쥐라기 공원』에 나온 육식 공룡을 백악기 공룡인 티라노사우루스로 설정해서 많은 사람들의 비웃음을 샀지만 두 공룡은 전문가가 아니면 식별하기가 어려울 정도로 닮았다. 발견된 지층이 같았다면 같은 종의 공룡으로 분류되었을 것이다. 티라노사우루스의 눈이 알로사우루스보다 더 앞쪽에 위치해 있어서 입체적으로 먹잇감을 보기에 좋았으리라는 정도의 차이가 드러날 뿐이다. 한 때 티라노사우루스의 무게와 작은 앞발 탓에 하이에나처럼 죽은 시체들을 먹었을 것이라는 스케빈저[(먹을 것 등을 찾아) 쓰레기 더미를 뒤지는 사람, 죽은 동물을 먹는 동물] 학설이 우세했으나 티라노사우루스에게 공격받은 뒤 살아남은 초식공룡의 화석이 발견됨으로써 프레데터[포식자, 약탈자] 설이 거의 정설화 되었다. 초식공룡의 화석에 티라노사우루스의 거대한 이빨 자국이 나있었을 뿐만 아니라 아문 흔적까지 발견되었기 때문이다. 따라서 티라노사우루스가 살아있는 다른 공룡을 사냥했다는 사실이 힘을 얻게 된 것이다.

	용각류	위 항목 표 참조
용반류	수각류	가루디미무스, 갈리미무스, 기가노토사우루스, 다스플레토사우루스, 데이노니쿠스, 드로미케이오미무스, 딜로포사우루스, 딜롱, 데이노니쿠스, 메갈로사우루스, 메이, 모노니쿠스, 모놀로포사우루스, 바리오닉스, 벨로키랍토르, 사우로르니톨레스테스, 세그노사우루스, 스타우리코사우루스, 스트루티오미무스, 스피노사우루스, 신타르수스, 알로사우루스, 오르니토미무스, 오르니톨레스테스, 오비랍토르, 카르노타우루스, 케라토사우루스, 트루돈, 티라조사우루스

1-2-3 조반목 공룡들

조반목에는 2족보행을 하거나 4족 보행을 하는 공룡이 모두 포함되는데 이들은 초식성이었을 것으로 추정된다. 종이 다양하나 크게는 장순아목(안킬로사우루스나 검룡처럼 몸을 보호하는 기관으로 둘러싸인 종류)과 각각아목(뿔룡류)으로 나눌 수 있고 장순아목은 다시 아목으로서 검룡류와 곡룡류로 나뉜다. 각각아목은 새를 닮은 조각류와 머리뼈가 두꺼운 후두류, 앵무새와 같은 부리와 뿔을 가진 각룡류가 있다. 하나씩 특징을 살펴보기로 한다.

1-2-3-1. 장순아목
* 검룡류 :

투고지앙사우루스 화석(사진 출처: 고성공룡박물관)

 장순아목에는 스테고사우루스나 투고지앙사우루스처럼 꼬리가 검(劍)처럼 생긴 공룡들이 속한다. 이들의 꼬리에는 단검 같은 침이 달려있다. 등 쪽에는 날카로워 보이는 칼 모양의 골판들이 돌기모양으로 나란히 나 있다.
 화석을 분석해 보니 혈액이 흐른 흔적이 있는 것으로 보아 무기보다는 라디에에터처럼 체온을 보호하기 위한 기관이었던 것으로 보인다. 이들의 뇌용량은 초식 공룡 중에서도 가장 작은 것으로 알려져 있다.

* 곡룡류

대표적인 곡룡(曲龍)으로는 안킬로사우루스아 유오플로케팔루스가 있다. 이들은 늑골이 불룩 휜 형태를 하고 있으며 온몸을 갑옷 같은 두텁고 강한 가죽으로 무장하고 있다. 가장 큰 특징은 꼬리에 곤봉과 같은 무기가 있다는 것이며 얼굴 역시 딱딱한 가죽으로 뒤덮여있고 뿔이 4개 나 있다. 온 몸에는 거북선처럼 날카로운 가시가 돋아 있다.

안킬로사우루스(그림: 초록인)

1-2-3-2. 각각아목

* 조각류(鳥脚類)

조각류는 새처럼 생긴 다리와 오리 주둥이와 같은 입을 가진 공룡들이다. 파라사우롤로푸스 등이 이에 속한다. 파라사우롤로푸스는 머리 뒤에 긴 대롱처럼

파라사우롤로푸스(그림: 초록인)

생긴 관이 있는데 호흡을 위한 산소통이었다기보다는 큰 소리를 내기 위한 기관이었던 것으로 추정된다.

* 후두(厚頭)류

후두란 머리뼈가 두껍다는 뜻이다. 이런 두꺼운 머리는 알로사우루스라 하더라도 쉽게 깨뜨리지 못했을 것이다. 하지만 이 기관이 반드시 생명보호를 위해 발전한 것은 아닌 듯하다. 다른 곳에 치명상을 입어도 죽기는 매일반이기 때문이다. 그보다는 암컷을 차지하기 위해 수컷들이 자신들의 성적인 매력을 과시하기 위해 발달시킨 기관이 아닌가 한다. 이들은 들소나 영양들처럼 암컷을 차지하기 위해 박치기를 하며 결투를 벌였던 것으로 보인다.

암컷을 차지하려고 결투하는 파키케팔루스(그림: 초록인)

다음 표는 조반목에 속하는 공룡들을 정리한 것이다.

조반목	각룡류	프로토케라톱스, 모노클로니우스, 스티라코사우루스, 트리케라톱스, 파키리노사우루스, 프시타코사우루스, 코스모사우루스,
	검룡류	스테고사우루스, 켄트로사우루스, 후아양고사우루스,
	곡룡류	노도사우루스, 민미, 사우로펠타, 스켈리도사우루스, 스쿠텔로사우루스, 안킬로사우루스, 힐라에오사우루스, 유오플로케팔루스
	조각류	드리오사우루스, 라엘리나사우라, 람베오사우루스, 마이아사우라, 브라킬로포사우루스, 사우롤로푸스, 에드몬토사우루스, 오우라노사우루스, 이구아노돈, 캄프토사우루스, 코리토사우루스, 파라사우올로푸스, 헤테로돈사우루스, 힙실로포돈.

2. 공룡이 태어난 배경

공룡은 고생대 말 페름기에 등장한다. 지구의 총 역사가 46억년이라는 것을 감안하면 참 늦은 탄생이다. 그동안 지구는 불임상태로 있었던 것일까? 조그마한 생명의 씨앗서부터 이 무시무시한 크기의 생명체가 이 땅에 태어나기까지 얼마나 많은 생명체가 살다 스러져갔는지, 지구생명의 역사 이야기를 잠시 들여다보기로 한다.

2-1. -생명은 어떻게 탄생했는가?

지구의 역사는 가장 오래 된 암석에서 발견된 우라늄의 반감기를 측정한 것을 근거로 약 46억년이라고 공인되어 있다. 창조론자들은 이의를 제기하고 있지만 주류학계의 학자들은 이를 모두 정설로 받아들인다. 처음 우주가스가 뭉쳐 지구가 생성되었을 때는 지각도 형성되어 있지 않을 정도로 뜨거웠으므로 액체처럼 녹아 끓는 암석의 수프였다고 추정된다. 이것이 식어 지각을 만들고[1] 수증기가 물로 내려 바다를 이루면서 지구는 점차 형체를 갖추어 나갔다. 언제부터 지구에 생명이 생겼는지 확언할 수는 없지만 그린란드의 아킬리아 섬에서 채취한 암석에서 박테리아의 흔적이 발견됨으로써 지구의 생명은 38억 5000만 년 전에 출현한 것으로 추정된다.[2] 역시 박테리아인 남조균, 시아노박테리아가 출현하기까지 생명의 발전은 더디게 진행되었다. 그런데 35억 년 전, 시아노박테리아가 출현한 이후부터 생명의 진화는 빠르게 진행된다. 당시 대기의 10%일 것으로 추정되었던 산소량은 바닷물에 녹아있는 수소를 취하여 광합성을 하고 부산물로서 산소를 대기에 방출하게 되는데 이들이 약 10억 년 동안 방출한 수소는 대기 산소 농도를 20%까지 끌어올렸다. 대기 중 산소농도의 증가현상은 혐기성 세균 등의 생명체를 제외한 현재 살아있는 모든 생물의 탄생 배경이 되었다. 물론 이것이 정설화 되어 있지만 이에 대한 반론도 여전히 남아 있다.

어떻게 이 세상에 생명이 존재하게 되었는가? 생존이 하루하루 살아가는 목적의 전부이던 시절부터 사람들은 자연에 경외심을 가지고 있었다. 그리고 그 경외심은 언제부터인지 모르게 의문으로 바뀌게 된다. 인간 사회와 문화가 발전하면서 우리는 그것을 규명하기 위해 노력하게 되었고 이는 생명의 기원에 대한 여러 가지 학설을 주장하는 원동력이 되었다.

1· 빌 브라이슨, 『거의 모든 것의 역사』, 2004, 서울, 까치, p307: "지구의 표면이 딱딱하게 굳어진 것은 39억 년 전의 일이었다."

2· 같은 책, p310

크게 보면 생명의 기원에 대한 학설은 크게 세 가지 정도로 요약된다. 지구 내에서 자연발생 했다는 이론과, 다른 천체에서 왔다는 이론, 마지막으로 어떤 초자연적인 존재가 지구 생명체를 만들었다는 창조론이다.

최근에 살아있는 미생물체가 운석에서 발견된 적이 있다. "새로 발견된 탄소질 운석에 포함된 규조류 화석(우주론 저널(Journal of Cosmology): Fossil Diatoms in a New Carbonaceous Meteorite)"이라는 제목의 연구에서 2012년 12월 29일, 스리랑카의 어느 마을(Araganwila)에 떨어졌던 거대한 운석 안에서 조류의 화석이 발견되었다고 주장한 과학자들의 이론이 기사화되기도 했다. 이 주장이 사실이라고 해도 그 생명은 어떻게 시작되었는가 하는 의문은 여전히 남게 된다.

2-1-1. 자연발생설과 생명발생설 중 옳은 것은?

고대 그리스 이오니아(Ionia) 학파에 속하는 탈레스(Thales)와 그의 제자 아낙시스만드로스(Anaximandros)는, 생물은 열과 공기와 태양에 의해 진흙 속에서 우연히 발생했다고 주장했다. 구약성서에서도 여호와가 진흙을 빚어 자신을 닮은 인간을 만들었다는 내용이 나오고 동양 신화에서도 여와가 진흙을 빚어 인간을 만들었다는 신화가 전해진다. 이런 정황을 종합해 볼 때 흙은 생명과 인연이 깊었던 것만은 사실이다. 아리스토텔레스(Aristoteles, BC 384-322) 역시 하등동물의 경우 자연발생설을 주장했는데, 인간이나 포유류 같은 고등동물은 부모로부터 생명을 얻지만 벌레와 같은 것들은 부패한 흙 등에서 자연발생 한다고 믿었다. 그가 해양동물에 관해 관찰하고 남긴 기록들은 사실, 동물의 연구와 발전에 지대한 영향을 미쳤다고 할 수 있다. 하지만 아리스토텔레스의 앞선 성공은 그에 대한 대중의 맹신을 불러일으킴으로써 하등동물에 대한 그의 자연발생론에 대해 그 후 2000 년간이나 유럽인들이 일말의 의심도 가지지 않게 하는 폐단을 낳았다.

그러나 17세기에 이르자 자연과학자들은 드디어 아리스토텔레스의 자연발생론에 의심을 가지게 된다. 네덜란드의 현미경학자 레에벤훅(Leeuwenhoek,1632-1723)은 유기 추출물들을 오랫동안 공기와 접촉시켜두었다가 현미경으로 관찰을 하면 새로운 미생물들이 존재한다는 사실을 알아냈다. 그래서 그 역시 미생물의 경우, 자연발생 한다고 믿었다. 그러나 프랑스의 조불로(Louis Joblot)는 1787년, 식물추출물들을 끓여 멸균한 다음 두 개의 그릇에 나누어 담아 하나는 양피지로 밀봉하고 다른 하나는 그대로 두었다. 그 결과 두껑을 덮어두지 않은 그릇에서는 많은 미생물이 생겼지만 양피지로 덮어둔 그릇에서는 전혀 미생물이 생기지 않았음을 확인하고 미생물도 자연발생하지 않는다는 결론을 내렸다. 소화기관의 연구로 유명한 이탈리아의 스빨란짜니 역시 유기물을 넣은 플라스크를 가열하여 진공상태로 둔 결과 미생물이 전혀 자라지 않는 것을 확인했다. 그러나 자연발생설은 좀처럼 사라지지 않았고 결국 프랑스 과학아카데미는 생명의 기원을 밝히기 위해 상금을 걸고 연구를 장려했다. 이에 파스퇴르는 이전 실험의 문제점들을 보완해서 완전멸균 액을 얻을 수 있도록 백조목 플라스크를 고안해 실험했다. 그 결과 온도, 습도, 공기 및 영양이 적당하더라도 밖으로부터 미생물이 들어가지 않는 한 미생물은 생기지 않는다는 사실을 증명했다. 그 결과 자연발생설은 완전히 폐기되었다. 그러나 세월이 흐른 뒤 자연과학자들은 생명의 존재에 대해 보다 근원적인 실험을 하게 된다. 모든 동물은 모체로부터 발생한다는 설이 가진 모순, 즉 최초 모체의 탄생에 대한 설명과 증명은 이루어 진 적이 없다는 사실로부터 원점으로 돌아가 새로운 연구와 실험이 진행된 것이다.

2-1-2. 밀러의 화덕에서 아미노산을 구워내다.

소련의 생화학자 오파린(Aleksandr Ivanoivitch Oparin,1894-1980)은 1936년 자신의 저서『생명의 기원』에서 생명체는 초기 지구의 환경 때문에 자연발생 했다는 생명의 유기화합물설을 주장했다. 그는 원시 지구의 대기는 메탄(CH_4),

수소(H_2), 수증기(H_2O), 암모니아(NH_3), 네온(Ne), 헬륨(He), 알곤(Ar) 등으로 조성되어 있었다고 가정했다. 이들 기체는 태양으로부터 자외선이나 번개와 같은 공중 방전된 에너지를 받았을 때 서로 반응하여 아미노산을 비롯한 여러 가지 유기물을 만들고 이것이 비에 용해되어 바다로 흘러들어가 결합함으로써 생명의 기초가 되었다고 생각했다. 그는 이것을 코아세르베이트라는 단백질이라고 여겼다. 코아세르베이트란 단백질 등의 콜로이드 입자가 결합하여 주위의 매질과 명확한 경계를 이루어 분리 독립된 입상구조를 말한다.

그 후 1953년 영국의 과학 잡지인 『네이처』에 미국의 왓슨과 프랑스의 크릭이 DNA의 이중나선구조를 밝히는 논문을 게재하게 되고 이 실험으로 인해 유전학은 진일보 하게 된다. 같은 해 미국의 과학 잡지『사이언스』지에는 당시 대학생에 불과하던 밀러가 원시지구의 조건 아래서 아미노산의 생성에 대한 논문을 발표함으로써 드디어 현대에서 정설로 받아들여지고 있는 생명기원에 대한 연구가 열리게 된다. 밀러는 유기화합물을 대기현상과 유사한 물리적 실험을 통해 만들 수 있다는 사실을 증명했다. 그는 유리관에 물을 넣고 진공상태를 만든 다음 수소, 메탄 및 암모니아의 가스 혼합물을 채운 후 원시지구의 기상현상을 모방하여 고압의 전류를 방전시켰다. 그 결과 글리신, 아스파르트산, 글루탐산 등의 아미노산과 핵산에 쓰이는 염기 등의 유기물이 생성됐다. 이런 과정을 거쳐 만들어진 것들이 결합해 단백질을 이루고 보다 복잡한 구조의 생명체로 진화되면서 지구상에 동식물이 나타났다는 설은 이런 오랜 과정을 거쳐 확립된 것이다.

2-1-3. 밀러의 실험에 오류는 없는가?

밀러의 실험은 치밀하게 고안되었으며 설득력이 있었으나 무기질로부터 유기물질이 생겼다는 실험결과가 원시 지구에서 무기물로부터 최초의 생명이 자연발생 했다는 사실을 증명한 것은 아니었다는 문제점이 있었다. 우선 이 실험을 토대로 하여 생명 지구자연발생설을 주장하려면 다음과 같은 조건이 충족되어

야 한다.

첫째, 밀러 실험에서 사용한 혼합가스의 조성이 원시 지구의 대기 조성과 같아야 한다. 하지만 추정밖에 할 수 없는 태초의 지구환경에 대해 증명한다는 것은 불가능하다.

둘째, 밀러의 실험장치에서는 합성된 후 방사된 전기나 방전 에너지에 의하여 합성된 유기물질이 다시 분해되지 않도록 바로 냉각시킬 수 있는 냉각장치가 사용되었다. 그러나 자연 상태에서 즉각적으로 합성물질이 냉각되었을 확률은 거의 없다는 것이 문제였다. 만일 순식간에 냉각되지 않으면 합성되었던 유기물은 방전 에너지에 의해 다시 분해, 파괴되어 버리게 된다. 물론 우리가 알 수 없는 시절의 이야기이니 만큼 어떤 변수나 어떤 현상이 존재했을 수도 있지만 지금의 추정으로서는 불가능하다는 것이 중론이다. 자연계에서 이와 같은 급속한 냉각장치가 어떻게 존재할 수 있었는지 설명할 방법이 없는 것이다. 화학진화론자들은 번개와 같은 방전으로 대기 중에 생성된 유기물질은 빗물에 씻겨 바다 속에 갇힌다고 하지만 이 속도가 인공적인 순화속도처럼 빠를 수는 없다.

셋째, 밀러의 실험에서 만들어진 화합물은 생체가 합성하는 L-아미노산(short chain left-handed amino acid)뿐만이 아니라 생체에서 필수 아미노산 생성을 방해하는 D-아미노산(long-chain right - handed amino acid)도 50%가 섞인 라세미 혼합물(Rasemi mixture)이다. 따라서 생성된 아미노산들이 생명합성에 사용되려면 누군가가 이 혼합물로부터 L-아미노산만을 분리시켜야 하는데 생명이 탄생하지 않은 상태에서 이것을 도울 존재는 없다는 것이 문제였다. 아직 아무도 밀러가 합성한 아미노산을 토대로 다음단계의 고분자 합성에 성공하지 못했다.

넷째, 밀러의 실험장치는 매우 정교한 장치인데 비해 넓고 거친 자연환경에서 조우할 변수들은 밀러의 실험실과 똑같은 환경에 머물러 있는 것이 불가능하게 했을 것이다. 바로 이런 이유들을 근거로 하여 창조론자들은 생명을 창조한 것은 하느님이라는 주장을 펼치고 있다.

2-1-4. 우리 조상이 외계에서 왔다면?

19세기 말 스웨덴의 물리학자인 아레니우스(Svante Arrhenius 1859-1927)는 최초의 생명은 우주에서 온 미생물에 의해 시작되었다고 주장했다. 그는 이 원시 미생물들을 포자라고 생각했고 운석에 실려 우주를 떠돌다 지구의 중력에 의해 유성이 되어 떨어지면서 지구에서 생명의 씨앗이 되었다고 생각했다. 그는 이 포자들이 우주 공간의 "모든 곳에 존재하는 종자"라고 생각하여 자신의 이론을 범균설(Panspermia)이라고 불렀다. 유성이 지구에 떨어지는 동안 대기와의 마찰열에 의해 불이 붙으므로 그 안에서 생명체가 살아있을 가능성은 없다는 것을 근거로 이 학설은 부정되었다. 하지만 최근에 발견된 유성에서 실제로 미생물이 발견되기도 했고 용암에 의해 수백도로 펄펄 끓는 심해 열수 분출구 근처나 툰드라 지방 등 극한의 조건에서 생명체가 살아가는 것이 밝혀짐으로써 범균설은 새로 조명되고 있다.

생물이 진화의 산물이건 하느님의 창조물이건 분명한 것은, 이 세상 만물이 너무나 정교하다는 사실이다. 하느님은 인간의 두려움이나 나약함이 만들어 낸 허상이고 모든 생명은 우주의 일정한 현상과 법칙에 따라 자연적으로 생겼다 치더라도 46억년의 생명창조 공정은 미미한 인간의 재주로 창작하는 것들과는 비교할 수 없이 정교하고 아름답다. 이 책에서 추구하는 목표는 바로 이런 생각을 공유하는 것이다. 한 때, 우리가 보는 생명들과는 완전히 다른, 어떤 섭리의 완벽함에 의해 창조되었던 생명들이, 우리가 살아가는 이곳에서 태어나 자신의 삶을 개척하고 사랑하고 미워하고 때로는 싸우다 다시 자연으로 돌아갔다. 우리가 마음만 먹으면 언제든 확인할 수 있도록 그들은 우리 곁에서 자신의 생전 모습의 흔적인 화석으로 살아남아 있다. 그리고 우리에게 자신들의 존재를 확인시켜 주는 여행을 권한다. 지구의 어떤 존재보다도 더 오래 번성했던 그들의 흔적을 찾아 떠나는 이 여행길이 우리에게 생각의 깊음을 주는 기회를 만들었으면 좋겠다.

2-2. 공룡이 출현하기 전에는 누가 살고 있었을까?

지층은 시루떡처럼 층층이 곱게 쌓여 지열과 압력에 의해 잘 구워진다. 시루떡이 층층이 고명이 다르듯 지층에서 잠든 화석도 시대별 층마다 제각각이다. 이들에 대한 지식이 있다면 공룡을 찾아 떠나는 여행길에서 눈 마주친 낯선 다른 시대 화석들에게도 반갑게 말을 걸어보자. 우리는 중생대를 향해 떠났지만 지구의 삶이 고생대를 거쳐 중생대로 이행되었듯이 그들, 공룡에 앞서 누군가 스쳐 간 흔적을 알아볼 수 있다면 틀림없이 색다른 감동을 느낄 수 있을 것이다.

우리나라에서 태백시처럼 풍부한 시생대나 고생대 지층을 보유한 곳은 없을 것이다. 고생대 지층은 대개 오르도비스기에 이루어졌는데, 태백시는 울창하고 빼어난 경치도 일품이지만 다양한 온갖 종류의 고생대 생물화석을 찾아볼 수 있다는 장점이 있다. 태백시가 보유한 유적과 화석들을 통해 먼저 살다 간 동물들의 생활상을 가늠해 보기로 한다.

암흑기(46억년 전~39억년 전), 시생대(39억년 전~25억년 전), 원생대(약 25억년 전~5억 4000만 년 전)를 지내는 동안 자연현상에 의해서 만들어진 아미노산들은 어떤 기전에 의해 서로 결합하면서 단백질이 되었고 모든 세포는 핵 안에 그동안 이룩한 정보를 축적하게 된다. 그리고 자신이 구축해 놓은 정보를 복제하거나 새로운 개체의 정보와 통합하는 방법을 통해 후대에 계속 전하게 된다. 그 과정은 지구에 원핵생물의 탄생을 시작으로 진핵생물인 원생생물, 다세포생물(약 15억년 전의 조류 출현)로 진화하는 모습으로 나타난다. 진핵생물(지금으로부터 약 20억 년 전 출현)에 이르러 생물은 유성생식을 하게 되었고 이는 유전자 조합을 가능하게 함으로써 진화에 가속도를 붙이는 기폭제 역할을 맡게 되었다. 암흑기부터 원생대에 이르는 시기를 우리는 선캄브리아대, 혹은 은생누

대라고 부른다. 5억 4000만년이 지나면 현생누대, 즉 고생대의 캄브리아기가 시작된다. 원생대 말인 약 6억 년 전에 이르자 바다를 중심으로 폭발적인 생물의 증가가 일어난다. 그 증거는 현재 6억년 된 호주 남부의 에디아카라층에서 발견된 생물군의 화석으로 남아 있다. 이 화석 속의 생물군을 에디아카라생물군이라고 부르는데, 이 당시 살던 동물들은 조개껍질이나 뼈처럼 단단한 기관이 없는, 다시 말해, 껍데기 없는 무척추 동물이 주를 이룬다. 당시 이 지층에 살던 일부 생물들은 어느 시기에 이례적으로 연질부가 모래에 묻히게 됨으로써 다른 생물들처럼 훼손되지 않고 화석으로 남게 되었다. 이후 고생대에 이르면 우리에게 익숙한 고대 동물들이 하나씩 나타나기 시작한다. 고생대를 대표하는 동물은 단연 삼엽충과 두족류이다. 고생대에 출현하기는 했지만 삼엽충의 후손인 투구게와 두족류인 앵무조개는 아직도 바다에서 발견되는 생물이다. 중생대의 꽃인 공룡을 만나기 전, 아직도 후손을 찾아볼 수 있는 생물들과 고생대를 대표하는 가장 중요한 생물 한두 가지만 확인하고 가도록 한다.

2-2-1 삼엽충

강원도 태백시 출토사진 출처: 국립문화재연구소
공달용 박사 소장 자료

삼엽충(trilobite)은 세 개의 엽(葉)이라는 의미이다. 이들은 최초의 절지동물 중 하나이며 멸종한 해양절지동물인 삼엽충강(Trilobita)에 속한다. 좀 더 자세히 표기하면 절지동물문 스키조라미아 아문(sumphylum Schizoramia), 거미형 상강(Arachnomorpha, 혹은 Arachnata)에 속하는 것으로 보는 것이 다수설이다. 즉, 다르게 분류해야 한다는 견해도 존재한다는 뜻이다. 삼엽충은 화석 기록에 처음 출현했을 때 이미 종에 따라 겹눈이 하나인 것부터 고도로 발달한 다양한 겹눈을 가진 것까지 종류별 차가 심했고 지리적으로도 널리 퍼져 있었던 것으로 미루어 화석으로 나타난 시기보다 출현은 훨씬 일렀다고 생각할 수 있다. 그러나 화석으로만 볼 때는 캄브리아기 초기에 나타나 고생대 내내 번성하다가 서서히 쇠퇴해서 데본기에는 프로에티다 목 외의 다른 목 삼엽충은 모두 멸종한 것으로 보인다. 그러나 결국 이 목도 2억 5000만 년 전 페름기에서 트라이아스기에 있었던 생명대멸종 사건 때 사라진다. 삼엽충은 고생대를 대표하는 동물로서 세계적으로 17,000여 종의 화석이 남아 있다. 이들은 화석동물이기 때문에 암컷, 수컷에 대한 정보조차 없어 어린 삼엽충, 성(性)이 다른 삼엽충 등이 종의 숫자로 누적되어 실제 종보다 많게 계산되었을 수 있다. 화석이 발견되던 당시에 이미 여러 종류의 겹눈을 가진 다양한 종이 발견되는 것으로 보아 삼엽충은 캄브리아기 이전부터 발생되어 진화되어 왔음이 틀림없다.

  삼엽충은 화석을 분석한 결과, 변태를 하는 것으로 추정된다. 이 절지동물은 다양한 생활 형태를 가지고 있었는데, 발견지층의 특징과 생태로 추정할 때 어떤 종류는 포식자, 또 어떤 동물은 청소동물 역할을 한 것으로 보이며, 깊은 해양환경에서 발견되는 종류 중에는 플랑크톤을 먹이로 살아갔던 종류도 있었던 것으로 나타난다. 이들은 주로 물밑 바닥을 기어 다니며 생활했는데, 기생생활을 하는 종류는 없었던 것으로 보인다. 우리나라에서는 고생대 지층이 널리 분포하는 태백시에서 삼엽충 화석[3]이 많이 발견되었다.

3· 고성공룡박물관이나 진주 박물관에서 제공한 정보와 화보 외, 여기 삽입된 삼엽충과 암모나이트 화석, 화성 공룡 알 화석 관련 이미지, 우항리 공룡발자국이나 하동 악어 화석, 최근에 발견된 소형 수각류 화석 등의 자료

고생대의 캄브리아기 중기부터 오르도비스기 중기에 이르는 약 7천만 년 동안 따뜻한 바다환경에서 퇴적된 태백시 구문소 일대의 지층에는, 다양한 퇴적구조와 화석들이 많이 산출되고 있다. 이곳은 또 하부고생대~상부고생대 지층 사이의 부정합을 쉽게 관찰할 수 있는 곳이다. 최근에는 사람들의 왕래가 잦아지면서 화석들이 거의 자취를 감추고 있다. 영동선 철도 터널 바로 앞에 위치한 비탈면에서 전에는 삼엽충 화석이 많이 출토되었다고 하는데 현재는 거의 남아 있지 않다. 우리나라는 산이 울창하기 때문에 수풀이 시드는 겨울철이 되어야 관찰이 쉬울 뿐만 아니라, 화석이 있는 암반이 길가에 그대로 드러나 있다. 거기에다 영동선 기차까지 바로 그 아래쪽을 수시로 지나간다. 그러므로 관찰을 위해 화석을 포함한 것으로 보이는 암석에 다가가는 것은 상당히 위험하다. 대신 태백시에서 운영하는 자연사박물관에 가면 처음 발굴당시의 화석들을 확인할 수 있다.

2-2-2 두족류와 어류

16그림
벨렘나이트(독일),
사진 출처:
국립문화재연구소
공달용 박사 소장 자료

암모나이트(모로코), 사진 출처:
국립문화재연구소 공달용 박사 소장 자료

는 모두 국립문화재연구소 공달용 박사님이 개인적으로 찍어 보관하고 있다가 제공해 주신 것들이다. 공달용 박사님께 다시 한 번 감사의 말씀을 드린다.

태백시자연사박물관에 가면 삼엽충만이 아니라 이 시대에 풍부했던 암모나이트, 필석 등의 두족류 화석도 두루 살펴볼 수 있다. 이들 역시 표준화석으로서 한반도에 풍부하게 존재했을 것으로 보이나 직접 발굴한 자료는 거의 없다.

사실 암모나이트는 고생대 페름기 말에서 중생대까지 번성한 두족류이고 고생대에 등장한 같은 종류의 두족류는 나우틸로이드이다. 나우틸로이드는 봉합선이 단순했던 데 반해 암모나이트는 봉합선이 굴곡이 심하고 지그재그형의 구조를 보인다. 그리고 각 방을 나누는 격벽이 입구 쪽으로 볼록해 입구 쪽으로 오목한 나우틸로이드의 격벽과 정반대의 형태를 가지고 있다. 이런 형태로 추정하건대 암모나이트는 나우틸로이드가 진화된 종이라는 것이 학자들의 생각이다. 고니아타이트·세라타이트도 암모나이트와 함께 '암모노이데아(Ammonoidea)'에 속한다. 이 중 봉합선의 굴곡이 암모나이트가 가장 복잡하므로 이들이 가장 진화한 두족류임을 알 수가 있다. 고니아타이트는 중생대 이전에 훨씬 번성한 종이다. 암모나이트란 이름은 숫양의 머리를 한 고대 이집트 신 '암몬(Ammon)'에서 유래했다고 한다. 이 숫양의 뿔은 안으로 휘말려 들어간 모습이 암모나이트의 몸체와 닮았다. 따라서 '아몬의 뿔'이라는 뜻으로 암모나이트라고 불리게 되었다는 것이다.

[암모나이트와 나우틸로이드 화석 비교]

2-2-3 양서류와 고생대 식물 양치류

 강원도 지역은 고생대 지층이 발달한 곳이다. 해안가를 빼면 가장 많은 화석이 발견된 곳이기도 하다. 필연적으로 강원도의 태백시자연사박물관은 우리나라에서 자연사관련 자료가 가장 풍부하고 많은 곳 중의 하나이다. 하지만 한반도에서 공룡과 시조새 등의 발자국, 알 화석을 제외하면 중생대 관련 자료는 많지 않은 편이다. 따라서 태백시에 전시되어 있는 중생대 관련 자료들은 대부분 외국에서 돈을 주고 사 온 것들이다. 어쨌든 중생대보다도 더 오래된 고생대 관련 유물이 소실되지 않고 강원도 지역에 많이 남아 보존된다는 사실은 행운이 아닐 수 없다. 대부분의 사람들은 고생대를 말하면 세 가지를 떠올릴 것이다. 삼엽충과 석탄, 그리고 은행나무. 그렇다. 우리가 20세기까지 요긴하게 쓰던 석탄의 탄광이 강원도에 많다는 것만으로도 이 지역의 대부분은 고생대 지층이라는 사실을 알 수 있다. 태백시 자연사박물관에서는 공룡이 태어나기 훨씬 전의 양서류인 세이무리아 화석서부터 중생대까지 큰 번성을 누리던 양치류의 화석까지 두루 볼 수 있다.

2-2-4 어류와 해백합

바다나리라고도 부른다. 바다나리는 현재도 여러 종이 남아 진화해 가고 있는 중이다. 극피동물이라는 말은 낯설지만 말미잘을 떠올리면 이 생물이 어떤 형태를 하고 있었을지 상상할 수 있을 것이다.
해백합(초록인 그림)

고생대 바다에는 해백합이 많았는데, 이들은 일종의 극피동물로서 백합과 식물과는 아무런 관련이 없다.

현재, 지상에 존재하는 모든 생명의 조상은 바다에서 왔다고 추정되지만, 백합과 해백합은 생물을 나누는 가장 큰 범주의 기준인 계, 즉 식물"계"와 동물"계"라는 어마어마한 차이를 가지고 있다. 인간까지 발전하는 모든 동물계 척추(척색)동물문 지상생물의 조상은 피카에아라고 하는 아주 작고 나약한 어류였을 것으로 추정되는데, 포유류인 인간과 어류인 피카에아의 차이보다 백합과 해백합의 차이는 훨씬 크다고 하겠다.

II 중생대 한반도에 살았던 공룡들[4]

오랫동안 한국은 고생물학 연구대상에서 제외된 나라였다. 하지만 1972년 경북대 양승영 교수가 공룡알화석을 발견한 것을 시작으로 많은 학자들이 고생물학 분야에 영입되어 매진한 결과 세계에서 유례가 드문 유적들을 풍부하게 가진 나라임이 밝혀졌다. 특히 알 및 둥지화석과 발자국 화석은 공룡의 연구에 큰 자료를 제공하는 것들로서 이제 고생물학 분야, 학술 테마 관광분야에서 한국을 조명하는 것은 오히려 늦은 감이 있다.

1. 용반목
1-1. 용각류
1-1-1. 울트라사우루스 탑리엔시스

---
4) 이 부분은 이융남 박사의 『공룡대탐험』(2000, 서울, 창작과 비평)의 내용을 주로 참고하여 쓰였다.

1972년 경남 하동에서 경북대 양승영 교수에 의해 공룡알 화석이 발견됨으로써 한국에도 공룡의 흔적들이 존재함을 처음으로 알 수 있게 되었다. 1973년에는 경북 의성 탑리에서 부산대 김항묵 교수에 의해 공룡의 골격화석 일부가 발견되었는데 경북대 장기홍 교수가 재발견하여 발굴하고 경북대에 보관하고 있다. 장기홍 교수는 이 뼈가 척골(ulna=팔꿈치뼈)이라고 생각하여 울트라사우루스 탑리엔시스(Ultrasaurus tabriensis)라고 명명하여 1983년에 학계에 보고하기에 이른다. 그러나 이융남 박사는 1997년 이 뼈의 재조사에 들어가 이 뼈가 상완골(humerus:위팔뼈)의 일부라는 사실을 밝혀내고 뼈 상태가 너무 불완전하므로 새로운 공룡으로 정의할 수 있는 특징이 없다고 하여 현재 학계에서는 이 명칭을 정식 공룡의 명칭으로 인정하지 않는다. 상완골 일부가 건설현장에서 잘려나가 정확한 크기나 종류를 알 수는 없지만 발견된 화석은 브라키오사우루스의 일족일 것으로 보인다.

   1-1-2. 키아유사우루스 아시아넨시스(Chiayüsaurus asianensis)

   양승영 교수는 또 경남 진주 유수리에서 공룡 이빨 화석을 세 종류 찾아냈는데, 세계적으로 용각류 화석이 많지 않기 때문에 작은 이빨이라고 해도 그 중요성은 크다. 이 세 종류 중 한 종류는 중국에서 발견된 키아유사우루스 아시아넨시스(Chiayüsaurus asianensis)와 같은 종류임이 밝혀졌다. 중국에서도 발견된 공룡이 한반도에서 발견된다는 것은 거대 용각류가 아시아에 걸쳐 널리 분포하고 있었다는 뜻이다. 이들은 아시아에서 기원한 에우헬로푸스류(Euhelopodedae)에 속하는 용각류이다.

   1-1-3. 코리아케라톱스 화성엔시스(Koreaceratops
          hwaseongensis)

   코리아케라톱스 화성엔시스는 "화성에서 발견된 한국 뿔룡"이라는 뜻이다.

몸길이 2m, 높이 60cm, 체중은 150kg이었을 것으로 추정된다. 2011년 척추고생물학자인 이융남 박사가 지은 학명이다. 화성엔시스는 프로토케라톱스보다 훨씬 일찍 서식했던 원조격의 초기 뿔룡으로 꼬리에 척추뼈보다 5배나 긴 신경돌기가 있다.

척추뼈보다 긴 신경돌기가 있다는 것은 무슨 뜻일까?

포유류의 꼬리는 별 기능을 하지 않는 것으로 알려져 있다.

조류처럼 둥지에서 알을 돌보는 코리아케라톱스 화성엔시스의 모성애

포유류에 속하는 투견들은 싸우는 데 방해가 된다 하여, 혹은 보다 전투적인 성격을 가진다는 생각 때문에 꼬리를 자르기도 한다. 동물의 꼬리가 정확하게 어떤 기능을 하는지 모르면서 자행하는 인간의 무지의 소치이기는 하지만 실제로 꼬리를 자른다고 해서 신체의 큰 기능을 잃지 않는다는 사실을 증명하는 사례가 되기도 한다. 그런데 이런 포유류와 달리 척추보다도 긴 신경돌기가 있었다는 것은 꼬리가 신체에서 유효한 어떤 중요한 기능을 수행하고 있었다는 뜻이다. 근연종(계보상 가까운 종)인 아르케오케라톱스가 반수생이었던 점을 감안하면 이 공룡 역시 반은 물에서 생활했을 거라는 추측이 가능하다. 화성엔시스는 꼬리를 노처럼 저어 헤엄칠 때 속도를 내게 했을 것으로 보인다. 이들은 앞다리가 짧았으므로 2족보행을 했을 것이다. 그리고 초기 뿔룡임을 감안하면 아직 이마나 콧등 부위 등에 뿔이 나지 않고 프릴(머리 뒤로 이어지는 주름 무늬 잡힌 판)만 있었을 것으로 추정되며 프릴은 짧고 작았을 것이다. 파충류이므로 물에서 생활을 하더라도 알은 물속이 아니라 악어처럼 물가에 낳았을 것으로 보이

지만 반론도 만만치 않다.

    송지영은 2011년 고생물학회지(제 27권, p291)에 실은 논문에서 화성엔시스와 같은 프로토케라톱스, 프시타코사우루스 등의 공룡이 물고기처럼 좌우로 방향을 전환하기에는 신체구조가 역부족이라는 점, 그들의 다리구조가 일반 육상 동물에서도 나타난다는 점, 또 악어와 같은 파충류들은 육중한 몸을 물속에서 자유롭게 회전할 수 있도록 사지가 아래를 향하지 않고 몸통 옆으로 나 있다는 점을 들어 화성엔시스가 반드시 반수생이었다는 증거는 없다고 주장한다. 또 꼬리뼈에서 발견된 신경돌기가 헤엄치는 데 꼬리를 사용했을 것이라는 추측을 불러일으키지만 그렇다면 반수생의 다른 공룡들도 꼬리가 같은 형태로 진화했어야 하는데 그런 공통점이 없다는 점을 들어 중생대 호수 주변의 늪과 같은 생태에서 살아가기 위한 형태였을 수도 있다는 가능성을 제시한다. 즉 반수생이 아니라는 증거도 없지만 마찬가지로 반드시 반수생이었다고 확신할 만한 증거도 없다는 것이다. 고생물학이 더 발달하면 번복될 수도 있는 문제이므로 독자들은 화성엔시스가 반수생이 아닐 가능성도 있다는 사실을 알아두는 것이 좋을 듯하다.

1-2. 수각류

    전남 신안군 압해도 건물 공사현장에서 발견된 수각류의 알과 둥지 화석은 우리나라에 수각류도 존재하고 있었음을 증명한다. 수각류는 이족 보행을 한 용반류 공룡을 말한다. 이들은 대개 앞발이 비정상적으로 짧다. 쥐라기 수각류의 대부분은 육식성 공룡이다. 일부는 백악기에 초식성으로 진화했다. 오르니토미무스와 같은 잡식성 공룡도 있다. 이들은 세 갈래로 갈라진 발가락과 날카로운 발톱, 뼈 속의 빈 공간 등의 특징이 조류와 같다. 경상남도 고성군 덕명리 등의 발자국으로 미루어 이들도 소형 수각류가 아니었을까 추측해 볼 수 있다. 그러나 알이나 발자국만으로 해당 수각류가 어떤 종류인지를 아는 것은 불가능하다. 당시 덕명리 해안에는 큰 수각류의 발자국과 작은 수각류의 발자국이 함께 발견되는데, 큰 수각류는 아시아 최강자로 군림했던 타르보사우루스일 가능성이 높다.

1-2-1. 벨로키랍토르

전국의 공룡화석출토지에서는 작은 수각류의 발자국도 발견된다. 이는 떼를 지어 다니며 사냥을 하던 벨로키랍토르의 것일 수도 있다. 벨로키랍토르는 아시아 화석출토지에서 흔히 발견되는 수각류이다. 다른 포식자들과 확연히 구분되는 점은 하나의 이익을 위해 무리를 지을 줄 알았다는 것, 즉 일정한 사회적·작전적 능력이 있었다는 것과 체구에 비해 큰 효과를 거두었을 것으로 보이는, 낫처럼 생긴 발톱이 달려 있었다는 사실이다.

벨로키랍토르(그림, 초록인)

1-2-2. 오비랍토르

덕명리에서 발견된 작은 수각류의 발자국은 또한 오비랍토르의 발자국일 수도 있을 것이다. 오비랍토르는 알도둑이라는 뜻이다. 자세한 내용은 후에 다루

둥지에서 알과 새끼를 돌보는 오비랍토르(사진 출처: 국립문화재연구소 공달용 박사 소장 자료)

기로 한다.

　불가에서 무지(無智)는 죄악이라고 한다. 여기서 안다는 뜻은 지식이라기보다 지혜를 뜻한다. 우리의 공룡에 대한 무지가 자식을 위해서 지극정성을 아끼지 않는 착한 엄마 공룡을 남의 알이나 훔쳐 먹는 도둑으로 탈바꿈시켰으니 무지가 죄악이라는 사실이 증명되었다고 하겠다. 이들의 화석이 몽골의 고비사막에서 발견된 것으로 보아 한반도의 작은 수각류 중에도 오비랍토르가 있었을 것으로 추정할 수 있다. 따라서 압해도에서 발견된 작은 수각류의 알도 오비랍토르의 것일 가능성이 높다.

　　1-2-3. 타르보사우루스

타르보사우루스(그림: 초록인)

타르보사우루스는 티라노사우리드에 속하는 몸길이 12 m 정도의 거대 수각류이다. 이들은 아시아 먹이사슬의 정점에 있었지만 티라노사우루스보다는 턱이 약 20센티미터 정도 작았고 두 눈이 앞을 향해 있지 않아 티라노사우루스보다 입체적인 시야를 확보하기가 어려워 방향감각이나 균형감각이 약간 떨어졌을 것으로 보인다. 눈 위의 돌기도 훨씬 두드러지고 머리뼈에는 빈공간이 많아 머리 무게도 가벼웠을 것이다. 전기백악기에 나타난 육식공룡인데 이런 특징으로 미루어 티라노사우루스의 조상뻘에 해당될 것으로 추정하고 있다. 그럼에도 불구하고 아시아대륙에서 타르보사우루스를 이길 공룡은 없었을 것으로 추정된다.

1-2-4. 코리아노사우루스 보성엔시스(Koreanosaurus Boseongensis)

[코리아노사우루스 보성엔시스]

8,500만 년 전 한반도에 살았던 것으로 추정되는 토종 공룡 '코리아노사우루스 보성엔시스(Koreanosaurus Boseongensis)'의 계보를 상세히 밝히자면 파충강, 공룡상목, 조반목, 조각류, 케라포드, 오르니토포다, 코리아노사우루스이다. 길이 2.4m, 키 40cm 무게 80kg쯤 되는 아담한 공룡이다.

보성엔시스의 뼈는 전남 보성지방 해안에서 Seonso라는 대기업에 의해 발견되었다고 한다. 이 발견된 지방의 이름을 따서 코리아노사우루스 보성엔시스(Koreanosaurus boseongensis)라는 이름이 붙여진 것이다. 오르니토포다에 속하는 다른 공룡들의 습성들을 추정해 보건대 보성엔시스는 땅에 굴을 파 둥지를 만들고 거기에 알을 낳고 살았던 것으로 보인다. 전남대 한국공룡연구센터는 보성엔시스를 7년간 발굴·연구한 끝에 복원 작업을 끝내고 이에 대한 논문을 완성해 〈지질고생물학술지〉에 등재했고 국제 고생물학자들에게 연구 결과를 보고하는 등 국제 학계에서 공인을 받았다. 이제 이 이름은 공식적으로 속명부터 코리아가 붙은 한국토종 공룡으로 정식인정을 받게 될 것이다. 일반에는 2010년 11월 1일 공개되었다. 실물 크기 모형으로 공개된 코리아노사우루스는 어깨뼈가 매우 크게 발달되어 있고, 상완골(윗팔뼈)도 기존 공룡들에 비해 매우 크고 강하다. 경골(아랫다리뼈)과 대퇴골(허벅지뼈)의 길이 비율이 비슷해 상황에 따라 2족 보행이나 4족 보행으로 전환이 가능했을 것으로 추정된다.

2. 조반목

전기 백악기에 살았던 대형 조각류로는 테논토사우루스나 이구아노돈, 중기 백악기의 오리주둥이공룡을 들 수 있다.

2-1. 오리주둥이공룡 마이아사우라

[마이아사우라]

오리주둥이공룡의 하나로, 착한도마뱀이라는 의미인 마이아사우라라는 종류의 공룡이 있었는데, 이들은 새처럼 둥지에 알을 낳고 새끼가 부화하면 정성껏 기른 것으로 보인다. 또

이구아노돈(그림: 초록인)

록키산맥에서 갑작스런 화산분출로 일족들과 함께 행진하다가 그대로 화석이 된 마이아사우라의 행렬을 보면 새끼와 암컷들이 안쪽으로 걷게 하고 장성한 수컷들이 바깥쪽으로 보호하듯이 걸었던 것으로 나타난다. 후손을 지극히 정성스럽게 돌보는 모습이 오늘날 조류를 연상케 한다.

2-2. 이구아노돈

이구아노돈은 공룡 중에서 가장 일찍 발견된 종 중의 하나이다. 영국인 의사이자 아마추어 고생물학자였던 기디언 맨텔의 부인 메리가 발견했다. 그녀는 남편이 왕진 가 있는 동안 주딜게이트 공원에서 기다리며 산책하다가 이구아나의 이빨을 발견하게 된다. 맨텔은 이 이빨을 박물학자 퀴비에게 보냈는데 퀴비에는 이것을 코뿔소 뿔이라고 감정했다. 그러나 후에 스터지베리라는 학자가 화석화 된 거대 파충류의 이빨이라는 사실을 알려주었다고 한다. 그는 그 이빨이 이구아나의 이빨과 닮았다는 사실을 알고 라틴어로 이구아나의 이빨이라는 뜻의 이구아노돈(Iguanodon)이라고 지었다.

처음 뼈가 발견되었을 당시 그는 뿔처럼 날카로운 엄지손톱을 뿔이라고 생각하고 코뿔소처럼 코 위에 얹은 모습으로 복원했다. 그러나 훗날 보다 완전한 뼈가 발견됨으로써 비로소 이구아노돈의 모습은 제대로 복원되었다.

3. 그 외 남해안 공룡발자국 -
숨겨진 이름, 혹은 인정받지 못한 이름의 주인공들

2008년에 시화호 매립지 부근에서 발견된 원시뿔룡, 코리아케라톱스 화성엔시스에 대해서는 앞에서 자세하게 설명했으므로 여기서는 남해안에서 발견된 공룡들만을 추가로 설명하기로 한다.

양승영 교수가 경남 고성군 하이면 덕명리 해안지역에서 발견한 공룡발자국들은 세계에서 유례없는 희소가치를 지닌 것들이었다. 발자국 지름이 35센티미터인 중국의 최대공룡 마멘키사우루스보다 3배나 큰 115센티짜리 초대형 공룡의 발자국이 발견되는가 하면 어미를 따라 간 듯 큰 발자국과 나란히 걸어간 겨우 9센티미터 남짓한 새끼 용각류 발자국도 있었다. 이들 발자국 화석들은 뼈보다 훨씬 더 공룡들의 생활사를 상세하게 알려주는 단서가 되는 귀중한 것들이다. 덕명리 해안에는 큰 수각류의 발자국과 작은 수각류의 발자국도 함께 발견되는데, 큰 수각류는 이미 앞에서 설명한 것과 마찬가지로 아시아 최강자로 군림했던 티라노사우리드에 속하는 타르보사우루스일 가능성이 높다. 작은 수각류는 데이노니쿠스 종류이거나 오비랍토르로 추정된다.

오비랍토르는 라틴어로 알 도둑이라는 뜻이다. 몽골의 고비사막에서 프로토케라톱스의 둥지로 추정되는 공룡둥지가 발견되었는데, 거기서 오비랍토르가 함께 발견되어 알을 훔쳐 먹으러 다른 공룡의 둥지에 간 것이라는 혐의를 받게 되었다. 이 때문에 알도둑이라는 뜻의 오비랍토르가 이름이 되었지만 나중에 밝혀진 바로는 프로토케라톱스의 둥지라고 생각했던 둥지는 바로 오비랍토르의 둥지였다. 억울하지만 알도둑이라는 뜻을 가진 처음의 이름이 사람들에게 깊이 각인되어 오비랍토르의 이름을 새로 지어줄 수가 없게 되었다. 이들이 몽골의 고비사막에서 발견된 것으로 보아 한반도의 작은 수각류 중에도 오비랍토르가 있었을 것으로 추정된다.

1979년 수각류의 발톱이 이빨들과 함께 발견되었는데 처음에는 이 화석의 주인공을 코리아노사우루스로 이름을 지었지만 후에 데이노니쿠스의 일종이라는 것이 밝혀져 코리아노사우루스는 최종적으로 데이노니쿠스 코레아넨시스(Deinonychus koreanenesis)라는 이름으로 정정되었다. 이외에도 울트라사우루스 탑리엔시스(Ultrasaurus Tabriensis)나 '부경고사우루스 등 한국 단어를 포함한 이름들이 있다. 그러나 이들은 학계에서 인정받은 이름들은 아니다.

남해안 지역에서 발견된 발자국 화석의 수만 해도 무려 1만개 이상이다. 이런 풍부한 발자국 화석들 덕분에 캔사스 대학교의 래리 마틴 교수는 한국을 세계 3대 최대 발자국 화석지로 평가하고 있다.

부경고사우루스 혹은 천년부경용의 경우, 백악기에 살았던 목긴 공룡으로서 용반류이며 초식성 공룡이다. 1999년에 부경대학교 백인성 교수팀이 경상남도 하동군 금성면 갈사리 앞바다 돌섬에서 발굴했다. 천년 부경용은 1억4천만 년 전의 백악기에 살았던 것으로 추측되며, 머리에서 꼬리까지 길이는 20m 정도, 체중은 30톤 정도로 추정하지만 발견된 뼈 부위가 경추 5개, 늑골 1개, 쇄골 1개, 꼬리뼈 1개로 형태를 복원하기에는 미흡한 자료이므로 확실하게 분류하는 데 난점이 있었다. 공룡의 학명 중 한국어에서 유래한 첫 번째 학명이라는 의의가 있지만 불완전한 자료 탓에 세계 학계에서 정식으로 인정받지 못하고 있다. 발견한 대학교의 이름을 따서 공룡의 속명을 '부경고사우루스'(Pukyongsaurus)'라고 정했고, 새천년이 시작되는 해에 발표했다고 해서 종명을 '천년(millenniumi)'으로 붙였다고 한다. 고무적인 사실은 2004년 1월 클리블랜드 자연사 박물관의 공룡 목록에서 속으로는 931번째로 등재되었다는 것이다. 2011년, 부경고사우루스의 꼬리뼈에서는 지금까지 한반도에 살았던 것으로 추정되는 수각류 중에서 가장 큰 종류 육식공룡의 이빨자국이 발견되었다. 부경고사우루스의 화석은 세계에 속명이 한국어로 등재된 첫 번째 공룡이라는 의의 외에도 간접적으로나마 한반도에 거대 수각류가 살았다는 증거를 제공한다는 점에서 의미 있는 화석임에는 틀림없다. 현재 부경대학교에 전시되어 있는 골격모형은 비슷한 부류로 추정했던 오메시사우루스를 참고로 복원된 것이라고 한다. 그러나 척추고생물학자 이융남은 부경고사우루스를 면밀하게 분석, 연구한 결과, 이것이 티타노사우루스의 하나라는 사실을 밝혀냈다. 티타노사우루스는 쥐라기 용각류들과는 달리 등뼈에 빈 공간이 없는데 부경고사우루스도 역시 경추에 빈 공간이 없었던 것이다. 이 화석의 발견은 한국에도 공룡의 골격 화석이 존재하는 퇴적층이 있다는 고무적인 증거가 되고 있다.

4. 아직 이름도 지어주지 못한 하동의 꼬마 공룡

2014년 11월 24일자로 송고된 인터넷 이데일리 양승준 기자의 기사에 의하면 경남 하동 하산동 층에서 약 1억 년 전의 육식공룡, 수각류의 골격 화석이 처음으로 발견되었다고 한다. 하산동층은 중생대 백악기 전기인 약 1억 1000만~1억 2000만 년 전 만들어진 지층이다. 이 화석은 두개골을 비롯해 척추.갈비뼈를 그대로 보존한 희소가치가 있는 것으로서 발견된 골격 전체의 몸길이가 28센티미터 밖에 안 된다. 따라서 소실된 부분을 복원한다고 해도 총 몸길이는 50센티미터를 넘지 않을 것으로 보인다. 두개골, 척추뼈, 갈비뼈가 그대로 연결된 상태로

하동 갈사만 발견 소형 수각류 화석(사진제공: 국립문화재 연구소)

국내에서 확인된 건 이번이 처음이다. 지금까지는 수각류의 발자국 화석만으로 한반도에 수각류가 살았고 큰 종류와 작은 종류가 공존했을 것이라고 추측했었지만 이번 발견으로 한국에 살았던 수각류에 대한 연구가 급진전 될 전망이다. 발견된 뼈의 주인공이 거대 수각류의 새끼인지 아니면 초소형 공룡의 성체인지 여부는 아직 발굴조차 안 된 단계이므로 여기서 밝힐 수 없지만 이 책의 완결개정판이 나올 즈음에는 확실한 내용을 쓸 수 있지 않을까 한다. 이 발견으로 한반도 공룡의 진화과정이 보다 선명하게 윤곽이 잡힐 것으로 보인다.

양승준 기자의 보도에 의하면 이 화석은 낚시를 하러 갔던 조인상 씨가 우연히 발견해 신고함으로써 학계의 조사가 시작되었다고 한다. 이 골격 화석 외에도 하나의 개체로 보이는 골격 화석이 더 발견되었다고 하는데 국립문화재연구소는 이번에 발견된 화석들이 서로 다른 두 마리의 것일 가능성이 크다고 추측했다. 장차 이 화석은 해당분야의 "세계적인 연구기관과 공동으로 비교 분석 연구를 진행할 예정이며, 연구 성과를 국제학술지에 발표함과 동시에 대전시 서구 만년동에 있는 천연기념물센터 전시관을 통해 국민에 공개할 계획"이라고 한다.

Ⅲ 공룡이 아닌데 공룡이라 오해받는 동물들
  1. 익룡

익룡은 공룡들과 같은 시대에 함께 살아갔지만 공룡은 아니다. 공룡 상목에 속하는 지상 파충류만을 공룡이라고 부른다. 이들은 하늘을 나는 파충류이다. 우항리층에서는 공룡 외에도, 새 발자국, 그리고 익룡 발자국 40여 개가 발견되었다. 이들 발자국의 발견은 세계적으로 유명한 영화, "쥐라기 공원"을 사실적으로 그리는 데 크게 이바지 했다는 후일담이 있다. 실제로 이 영화에서 '소형의 오리주둥이룡들을' 사냥하는 '거대 수각류 티라로사우루스들이 빠른 속도로 나란히 뛰면서' 사냥하는 장면은 원래 대본에는 없지만 우항리에서 발견된 수각류의 발자국 화석에 대한 자료를 보고 새로 만들어 삽입하게 되었다는 것이다.[5] 비록 "쥐라기 공원"에 주로 등장하는 공룡들이 백악기 공룡인 티라노사우루스나 벨로키랍토르였다는 치명적 결점에도 불구하고 이 영화는 바로 이 생생한 장면들 덕에 공전의 히트를 치게 되었고 이는 전적으로 우항리 공룡발자국 화석의 덕이라고 해도 과언이 아니다. 이 발자국 화석에 나타난 수각류의 넓은 보폭으로 미루어 그들이 빠른 속도로 달렸다는 것을 알게 되었고 또 초식동물과 나란히 달린 발자국을 확인한 덕에, 사람들이 사냥감을 한 곳으로 몰아 사냥하듯이 그들도 초식공룡들을 몰이해 가며 사냥했음을 알게 되었기 때문이다. 그러나 뭐니 뭐니 해도 발견된 발자국 중의 백미는 단연 익룡 발자국이다. 우항리의 익룡 발자국 화석은 최초로 이들이 지상에서 어떻게 걸었는지를 보여준 희소가치 높은 화석이기 때문이다.

1-1. 프테로닥틸루스

쥐라기에 하늘을 지배하던 파충류는 람포링쿠이드의 익룡들이었는데 이들은 날개를 펼친 길이가 2미터가 채 안 되는 아담한 익룡들로 알려져 있다. 긴 꼬리를 가지고 있고 꼬리 끝에는 다이아몬드 모양의 기관이 달려있는데 지상에서 날거나 걸을 때 이 꼬리가 균형을 잡게 해 주었다고 추정한다. 이후 백악기에는

[프테로닥틸루스의 하나인 프테라노돈]   [람포링쿠스]

---

5) 박성일의 역사탐방 카페(http://cafe.naver.com/geochips/6676) 에서 인용

프테로닥틸로이드들이 하늘을 뒤덮는다. 경남 하동 부근이나 우항리 등지에서 발견된 익룡의 발자국 역시 프테로닥틸로이드에 속한다. 위에서 밝힌 바와 같이 이들은 하늘을 나는 파충류일 뿐 시조새도 공룡도 아니다. 앞발과 복부 사이의 겨드랑이 가죽이 피막으로 되어 날개 역할을 한다. 이 날개에 힘을 받도록 하기 위해 팔뼈가 반을 지탱하고 네 번째 발가락이 길게 발달되어 날개의 다른 부분 위쪽을 지탱한다.

1-2. 해남 이크누스 우항리엔시스

우항리 화석의 또 다른 의의는 익룡이 날기 전 지상에서 어떻게 움직였는지를 처음으로 추정하게 하는 자료가 되었다는 점이다. 앞발의 발톱자국이 깊게

(사진 제공 국립문화재 연구소)

찍힌 것으로 보아 그들이 피막을 접고 피막의 가운데 위치한 앞발톱으로 땅을 짚고 걸었다는 사실을 새롭게 알 수 있었던 것이다. 그들은 날개(앞발)를 접어 책을 끼듯 겨드랑이 사이에 나란히 끼고 펼친 발가락을 모아 땅을 짚으며 어기적어기적 걸었을 것으로 보인다. 그 결과 세계최초로 발자국 화석만 가지고 새로운 공룡의 학명을 등재하게 된, 전무후무한 사건이 벌어졌다. 일명 해남 이크누스 우항리엔시스(Haenamichnus uhangriensis). 이 발자국의 주인공은 프테로닥틸로이드(Pterodactyloid) 속에 속하는 익룡 중 새로운 종으로 인정받고 있다.

2. 수장룡, 어룡 그리고 악어

수장룡은 대부분의 생활을 물에서 영위하는 공룡을 말하며 어룡은 물이 생존을 위해 전제조건이 되는 참치나 돌고래처럼 생긴 화석 파충류들을 말한다.

2-1. 수장룡

수장룡(首長龍,Plesiosauria)은 동물계, 척색동물문, 파충강(이궁아강[6]), 수장룡목인 파충류이다. 수장룡은 중생대에 살았던 수생 파충류인데, 플레시오사우루스, 엘라스모사우루스, 크로노사우루스 등이 이에 속한다. 수장룡은 목이 긴 종류와 목이 짧은 종류가 있고, 몸길이는 5미터에서 28미터까지 다양했다. 이들은 폐호흡을 위해 물 밖으로 얼굴을 내밀고 생활했으며 이런 사실로 미루어 알은 지상에 낳았을 것으로 보인다. 공룡과 함께 백악기-제3기에 모두 멸종했다고 추정되지만 네스호나 콩고 등지에서 이들을 보았다는 목격담이 보고되고 있다. 이들은 물고기나 자신보다 작은 수생동물을 먹이로 했다.

---

[6] 석탄기 후기인 약 3억년 전에 나타난 파충류로서 두개골 양쪽에 2개의 구멍(측두창(側頭窓), 눈 뒤쪽의 개구부)이 발달한 파충류 무리를 말한다. 이궁류는 매우 다양하며, 현존하는 파충류 중에도 이궁아류가 있다. 크로커다일악어, 도마뱀 그리고 뱀과 옛도마뱀류 등이 여기에 속한다. 넓게는 조류를 포함시키기도 한다.

2-2 어룡.

어룡[魚龍, 이크티오사우리아(Ichthyosauria)]은 척색동물문, 파충강(이궁아강), 어룡목에 속하는 파충류로서 쥐라기에서 백악기에 걸쳐 살았던 해양파충류이다. 이크시오사우루스 등, 이들의 생김새는 고래나 돌고래와 거의 같다. 삼첩기에는 19미터에 이르는 거대 어룡이 발견되었을 정도로 번성했지만 쥐라기의 어룡들은 대개 3 ~ 6m, 백악기에는 12m 정도의 크기를 가진다. 두개골에는

날카로운 원추형의 이가 달려 있는 길고 뾰족한 턱이 있고, 커다란 눈을 가지고 있었다. 머리 윗부분에는 내비공(內鼻孔)이 있었고 고래처럼 알을 몸속에서 부화시켜 새끼를 낳았다. 이들도 중생대 백악기 말에 모두 멸종된 것으로 보인다. 현재 남양주군에 있는 사설박물관 주필거미박물관 아라크노피아의 광물관에는 중국에서 발견된 스텐코테리지우스라는 어룡의 화석이 전시되어 있다.

2-3. 중생대 토종 한국 악어, 하동수쿠수
아세르덴티스(Hadongsuchus acerdentis)

[이크시오사우루스]

현대의 악어는 호수나 강에 살지만 악어가 처음 등장한 것으로 여겨지는 약 2억 2천만 년 전에는 육지나 바다에 살고 있었다. 악어(鰐魚)는 악어목(鰐魚目, Crocodilia)에 속하는 파충류의 총칭이며 공룡이나 새와 가까운 친척이라고 할 수 있다. 크게 가비알과, 앨리게이터과, 크로커다일과의 세 과로 분류한다. 미국의 디스커버리 뉴스는 영국 에든버러 대학, 사우샘프턴 대학 고생물학 연구진이 유럽 각지의 박물관 자료 분석을 통해 3종류의 거대 악어가 프랑스, 독일 등 유럽 바다에 서식했다는 사실을 밝혀냈다고 보도했다. 이중 가장 크기가 큰 마키모사우르스 후그아이는 몸길이 약 9.3m 무게 약 4톤으로 추정된다. 머리뼈 길이만 1.5미터이다. 마키모사우르스 후그아이는 수심이 깊은 바다부터 해안 유역까지 서식했는데 바다거북을 비롯한 각종 바다 생물을 먹이로 삼았을 것으로 보인다. 해안 유역에 서식했던 한 공룡의 목 뼈 화석을 분석한 결과 마키모사우르스의 것으로 추정되는 이빨 흔적이 발견되어 이들이 바다생물뿐만 아니라 해안으로 올라와 공룡들도 사냥했을 것으로 내다보았다. 이들보다는 조금 작은 몸길이 약 6-8미터짜리 마키모사우르스 모사이와 마키모사우르스 버페타우티 역시 비슷한 식생을 가졌을 것으로 보인다. 이들은 쥐라기인 1억 6천만 년 전에 바다의 최고포식자 위치에 있었던 파충류들이다.

그런데 하동에서 아주 흥미로운 화석이 하나 발견되었다. 바로 악어의 화석이다. 연합뉴스에 의하면 이 화석은 한국지질자원연구원 이융남 박사와 이항재 연구원이 2002년 경남 하동에서 발견한 것으로 머리뼈 부분이었다. 이융남 박사에 의하면 "하동 악어는 1억 2000만 년 전에 살았던 것으로 추정되며 가장 원시적인 악어 그룹인 '프로토수키아'에 속한다. 그는 이 악어가 1억2천만 년 전에 살았던 新種이라고 설명했다. 이융남 박사는 이 악어의 이름을 하동수쿠수 아세르덴티스(Hadongsuchus acerdentis)로 명명했다. '2005 헤이얀 국제공룡심포지엄'에서 이 박사팀이 발표한 연구결과에 따르면 이 악어는 신종이자 새로운 속(屬)으로 원시 악어인 프로토수키아 그룹에 속한다고 한다. 이 박사팀은 이를 국제학술지 '저널 로얄 소사이어티 오픈 사이언스(Journal Royal Society Open

Science)'에 발표했다.

프로토수키아는 지금으로부터 2억 2천만 년 전에 처음 지구상에 출현했다.

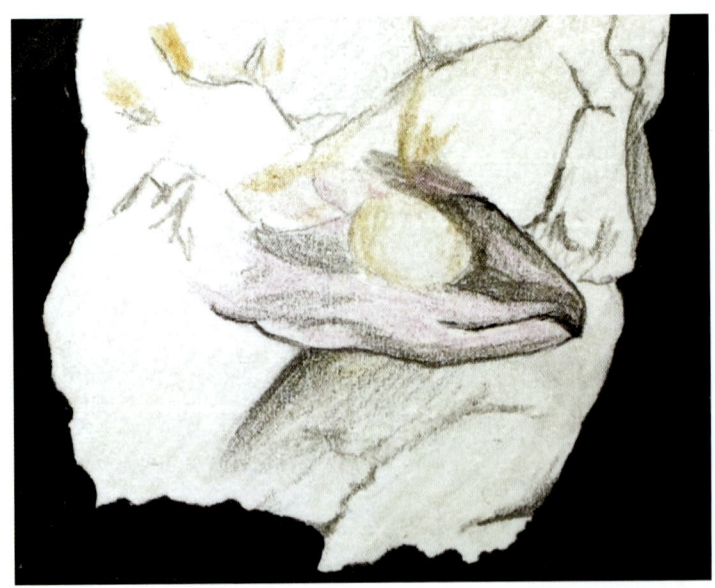

고대악어 하동수쿠스 아세르덴티스(그림:초록인)

1억 9000만년 전, 쥐라기 전기에는 메소수키아 그룹이, 9000만 년 전에는 현생 악어의 조상인 에우수키아 그룹이 나타났다. 이 박사는 악어의 원시성은 콧구멍의 위치에 따라 구분된다고 설명했다. 이 박사에 의하면 고대 악어는 "입천장에서 안쪽 콧구멍의 위치에 따라 구분되며 (……)진화된 그룹일수록 안쪽 콧구멍이 주둥이 쪽에서 목 쪽으로 이동해 숨쉬기 편하다"고 한다. 하동악어는 안쪽 콧구멍이 주둥이 쪽에서 발견됨으로써 원시 악어그룹에 속한다는 사실이 밝혀졌다. 또 공룡이나 포유류와 달리 머리뼈 표면은 불규칙한 구멍들이 여러 개 뚫려 있다. 프로토수키아는 육상 생활을 했고 메소수키아는 돌고래처럼 바닷속에서만 살았다. 땅에 굴을 파고 사는 종류도 있었다고 한다. 하동 악어는 머리뼈 길이 5.2cm, 몸길이는 50cm 쯤이다. 같은 그룹에서 가장 큰 종류는 '프로토수쿠스'로서 몸길이가 1.2m가량 되었다. 이들은 원래 전세계에 분포했었는데, 후대에 나타난 악어무리가 점점 대형화 되면서 한국, 중국 등 아시아로 서식지가 축소되고 크기도 작아졌을 것으로 보인다. 이들의 이빨이 납작한 칼 모양인 것으로 미루어 육지에서 곤충이나 작은 도마뱀을 잡아 날카로운 이빨로 잘라서 삼켰을 것으로 추정된다. 프로토수키아류 악어들은 하동 악어가 출현한 후 약 2000만년 후에 멸종했다고 한다.

3. 끊임없이 목격되는 수장룡의 후손들

고생대에 멸종한 것으로 알려졌던 실러캔스가 아프리카 코모로 군도에서 잡힌 것이 이미 100년 전의 일이다. 그리고 우리는 거의 매일 고생대에 태어난 은행나무 밑을 거닐고 있다. 역시 고생대에 탄생한 바퀴벌레 때문에 골머리를 앓고 있으며 수각류의 후손일 것으로 추정되는 새들의 노래를 듣고 있다. 우리가 아무런 의문을 가지지 않지만 지상에서는 바퀴벌레, 은행나무 등이, 바다에서는 상어, 거북, 실러캔스 등의 생물이 고생대부터 지금까지 살아오고 있다. 수장룡이라고 해서 그러지 말라는 법은 없다. 그럼에도 불구하고 유독 수장룡의 현존 사실은 늘 부인되곤 한다.

3-1. 네시호의 괴물과 백두산 괴물

영국 북부 스코틀랜드의 네스 호에 살고 있다는 괴물 네시의 존재에 대한 증언은 1500년 전부터 나왔다고들 한다. 그 때부터 잊힐 만하면 헤엄치고 있는 네시를 보았다는 증언자들이 나타나곤 했다. 1933년 11월, 그레이라는 사람이 세계 최초로 네스 호 괴물의 몸통과 꼬리 부분을 사진으로 찍었고, 이듬해에는 외과 외사인 윌슨이라는 사람이 괴물의 머리 부분을 사진으로 찍었다. 하지만 윌슨이 죽기 직전에 이 사진은 가짜라고 증언함으로써 네시는 없다는 것이 공론화 된 적도 있다. 학자들과 탐사단은 잠수함과 어군 탐지기, 음파 탐지기 등을 준비해 조사를 시작했다. 그러나 1975년 미국조사단이 수면 12m 아래에서 괴물을 닮은 영상을 촬영한 것이 성과의 전부이다. 1976년, 네스 호 조사단의 매콜 교수가 물고기를 먹고 사는 중형 또는 대형 동물의 집단이 살고 있다고 발표했지만 확실한 증거가 없어 아직도 이 논란은 진행 중이다.

잠수함을 이용했던 탐사단은 호수 바닥에 석탄가루가 있어 시야를 확보할 수 없었다고 하는데, 이는 네스호의 지층이 한 때는 숲이 울창했던 곳이었다는 간접증거이다. 대개 울창한 숲은 호수를 중심으로 발달하기 마련이고 이는 수장룡들이 대거 살았을 가능성을 높여주는 단서이기도 하다. 목격자들의 증언을 종합한 후 학자들은 네시가 수장룡인 '플레시오사우르스'의 일종이라는 결론을 내렸다. 네스호에 관광객을 유치하기 위해 가짜 사진을 찍는다거나 인조모형을 만들어 띄우고는 네시를 발견한 것처럼 거짓말을 하는 사람들도 있었고 이 때문에 네시는 조작된 것이라는 의견이 팽배해 있지만 몇몇 사람이 주장한 네시의 모형과 사진이 가짜인 것이지 "네시"라는 괴물의 정체 자체가 조작된 것이라고 할 수는 없다. 네시를 부정하는 사람들이 1500년 전의 목격담에 대해서는 어떤 설명을 할 것인지 궁금하다.

네스호처럼 수심이 깊고 큰 호수는 수장룡 같은 큰 동물이 살기에 좋은 환경을 제공한다. 세계적으로 이런 호수는 몇 안 되는데, 인적이 드물고 수심이 깊은 것으로는 백두산의 천지연만한 것이 없다. 천지연에서 목격되었던 괴물도 형태가 네시와 비슷한 것으로 보아 이것도 플라시오사우루스의 일종이 살아남아 때

때로 목격되는 것이 아닌가 하는 의문을 불러일으킨다. 백두산의 괴물에 대한 최초의 기록은 <(봉천통지)奉天通志>[7]에 수록된 것이다. 이 기록에 의하면 기록될 당시로부터 약 100년 전쯤, 사냥꾼 네 명이 "천지에서 자라를 잡다가 지반봉(芝盤峰)아래서 물을 차고 호수에서부터 나오는 것을 보았는데, 황금색에다, 머리 크기는 물동이만 하고, 네모난 머리에 뿔이 있으며, 목이 길고 수염이 많으며, 머리를 낮추어 움직이며, 마치 물을 빨아들이는 듯(金黃色, 首大如 ,方頂有角,長頸多須,低頭搖動,如吸水狀)"했다고 묘사되어 있다. 이후, 1908년 청나라 때 이 지방 지현(知縣)이었던 유건봉(劉建封)이 편찬한 <장백산강지략(長白山崗志略)>이라는 기록에는 "광서(光緒) 29년 5월 길 안내인인 서영순(徐永順)이란 사람이 6명의 중국인과 함께 백두산에서 사슴사냥을 하다가 천지에까지 따라 올라가 한 물체를 만났는데, 물소처럼 크고 우는 소리가 귀를 울리며 사람들에게 쳐들어오려는 것 같아 여러 사람들이 모두 겁을 먹고 어쩔 줄 모르다가 일행 중 한 명이 총을 꺼내어 쏘려고 하니까 발사가 되지 않는다. 겨우 정신을 차려 육연발 권총을 꺼내어 발사해 괴물의 배에 맞추자 괴물은 크게 울부짖으며 호수 안으로 엎어져 사라졌다."고 적혀 있다. 이 괴생물체에 대한 어떤 목격자의 증언을 보면 곰이나 수달 등의 포유류로 보이고 어떤 목격자의 증언을 보면 용, 즉 살아남은 수장룡 중 하나인 것처럼 보인다. 여러 증언과 기록들을 볼 때 이곳에 희귀한 생명체가 살고 있는 것만은 사실인 듯하다.

3-2. 살아남은 공룡 혹은 수장룡, 모켈레므벰베(Mokele-Mbembe)

---

[7] 1936년, 일본이 만주국을 점령하자 만주가 중국 땅이라는 것을 주장할 필요가 있음을 깨닫고 중국의 김육불이 편찬에 참여한 고문헌집이다. 이것이 동북공정의 시작이다. 김육불은 만주족이 청나라를 세워 중국을 통치했던 기간이 길고 만주족이 중국과 분리되면 중국이라는 하나의 나라가 흔들릴 것을 염려하여 이민족인 만주족의 역사를 한족의 범위 안에 포함시키려는 목적으로 이 책의 편찬을 주도한 것이다. 따라서 만주족과 혈연이 있는 고구려의 역사까지도 한족의 것으로 편입시키려는 현재 중국의 동북공정 임무를 띤 학자들까지 김육불의 책을 즐겨 인용하게 된 것이다. 한국에서 역사학을 공부하려는 이들은 이 책의 편찬목적에 대해 바로 알고 이 책의 내용을 맹신하기보다 그것이 진실인지 검증할 수 있는 능력을 키우기 위한 노력을 해야 할 것이다.

콩고, 카메룬, 가봉과 같은 나라가 밀집해 있는 중앙아프리카의 정글에서도 긴 목, 긴 꼬리, 공룡처럼 세 개의 둥근 발톱이 찍히는 발자국을 가진 동물에 대한 목격담이 끊이지 않고 있다. 목격자들의 증언을 종합하면 중생대에 멸종된 것으로 알려졌던 용각류[사우로포드(sauropod)]와 일치한다. 이를 밝히기 위해 탐사를 간 학자들이 리코우알라(Likouala) 지방의 몇몇 마을 주민들에게 흙이나 모래에 모켈레므벰베의 모습을 그려보라고 했을 때, 그들은 사우로포드류 공룡을 그렸고 뒤이어 학자들이 보여준 사우로포드 공룡을 보자 그것이 모켈레므벰베라고 말했다. 모켈레므벰베는 '강물의 흐름을 멈추는 것 (One that stops the flow of rivers)'이라는 뜻을 가졌다고 한다.

모켈레므벰베는 긴 목과 긴 꼬리를 가지고 있는 브라키오사우루스, 아파토사우루스, 디플로도쿠스 등의 용각류와 같은 외모를 가졌다. 카메룬에서는 모켈레므벰베의 몸길이가 무려 25미터나 된다는 보고도 있었다. 머리 뒤에는 수탉 볏을 닮은 프릴(주름: frill)이 하나 있다고 한다. 때로 이 프릴은 머리 위에 달린 뿔이 하나라는 증언으로 대체되기도 한다. 피부색은 적갈색(reddish-brown)에서부터, 회색, 갈색이라는 다양한 증언이 있다. 30~60센티미터의 둥근 발자국에는 발톱 흔적 3개가 찍혀 있다. 보폭이 2.1~2.4 m였는데, 다른 용각류들과 비교 검토한 결과 몸길이는 5~10 m, 목과 꼬리의 길이는 1.6~3.3 m 쯤 될 것이라고 추측하고 있다. 모켈레므벰베는 콩고 인민공화국 내 습지지역인 리코우알라(Likouala)강과 인접한 연못이나 습지에서 목격되었고 때로는 강을 건너가는 모습이 목격된 것으로 보아 이 호수는 한쪽 강에서 다른 강으로 건너가는 통로가 아닌가 추정된다. 리코우알라 습지 지역에 사는 피그미들에 의하면, 이 미지의 동물은 말롬보 나무(Malombo plant)만을 먹는다고 한다. 때로 하마 같은 동물이 방해를 하면 죽이기도 하지만 먹지는 않는다는 사실로 미루어 모켈레므벰베는 초식동물일 것이다. 먹이를 먹을 때를 빼고는 대개 호수 밑이나 강에서 헤엄치는 모습을 보았다는 증언을 종합해 본 결과 필자는 모켈레므벰베가 사우로포드라기보다 수장룡이 아닐까 생각하게 되었다. 엘라스모사우루스 같은 경우에는 위장에서 조류의 위석과 같은 돌이 발견되었는데, 학자들은 이를 보고 부력을 조절하기 위해 삼킨 돌이라는 의견을 내놓았다(국제학술지 'Journal Royal Society Open Science에 발표된 내용). 그러나 필자는 바로 이 돌들이 엘라스모사우루스류가 조류처럼 위석을 이용해 소화를 했다는 사실에 대한 증거물이 될 수도 있다고 생각한다. 모켈레므벰베의 발자국이 사우로포드와 같다는 것이 문제이지만 어디까지나 추정일 뿐 모켈레므벰베가 걸어간 후에 바로 확인한 발자국이 아니므로 믿기 어렵다. 특히 한국의 우항리에서 발견된 사우로포드의 둥근 발자국 안에 별모양이 찍힌 것으로 보아 사우로포드의 발가락은 다섯 개, 즉 발톱도 다섯 개일 것으로 추측된다. 공룡처럼 크고 무서운 포효소리를 내는 짐승이 사라진 후에 남은 발자국이라고 하지만 하마나 코끼리 역시 그런 소리를 낼 수 있다는 점으로 추정하건대 이들의 발자국일가능성이 가장 높다고 생각한다. 현재 살아있는 동물 중 코뿔소 따위의 기제류(奇蹄類), 인도코끼리 따위의 장비류(長鼻類) 역시 발자국이 둥글게 남을 수 있으며 뒷발에 3개의 발톱이 있고 거대한 몸체를 가지므로 용각류 공룡과 혼동될 만큼 비슷한 발자국을 남기는 게 가능하기 때문이다.

4. 시조새

지금까지 발견된 화석을 자료로 하여 분류한 시조새류는 아르카에옵테릭스속(Archaeopteryx)과 아르카에오르니스속(Archaeornis)의 2속이 있다. 이들은 현생조류, 즉 오늘날의 새들과는 달리 부리에 날카로운 이빨을 가지고 있고 깃털로 뒤덮인 꼬리에 도마뱀처럼 척추로부터 연결된 뼈가 있다. 날개 중간에는 앞발톱이 있고 수각류 공룡과 비슷한 골격을 가진다. 새의 깃털을 갖고 있던 공룡과 새의 중간화석에 해당하는 동물이다. 아르카에옵테릭스의 화석은 1861년 독일 남부의 바이에른 지방 졸른호펜(Solnhofen)의 어느 채석장에서 처음으로 발견되었는데, 쥐라기 말기인 1억 5,000만 년 전에 살았던 동물로 추정된다. 지금까지 시조새의 골격이 수각류와 거의 일치하며 화석에서 발견된 수각류 공룡의 피부와 비늘성분인 베타케라틴(β-keratin)은 새의 깃털 성분과 같다는 분석결과에 따라 수각류 공룡에서 조류로 진화하는 중간단계에 해당한다는 주장이 학계의 정설로 받아들여져 있다. 그러나 창조론자들은 시조새와 조류를 잇는 중간단계의 화석이 전혀 발견되지 않는다는 것은 시조새도 새의 한 종이라는 사실을 뒷받침하는 것이라고 주장한다. 이런저런 논쟁이 있었으나 「국제시조새학술회의」(1984)는 시조새는 수각류로부터 유래한 조류일뿐만 아니라 조류가 공룡으로부터 유래했다는 단서를 제공하는 화석종으로서의 가치를 분명히 가

시조새(그림: 초록인)

지고 있다는 사실을 공표했다.

독일의 채석장에서 발굴된 1861년의 아르케옵테릭스 화석 골격은 소형 육식

공룡인 코엘로사우루스류와 흡사하며 앞다리(날개)를 비롯한 온몸이 깃털로 덮여 있었다. 이런 특징이 시조새(아르케옵테릭스)가 수각류 공룡과 현재의 조류 사이의 중간 진화단계라는 학자들의 이론적 뒷받침이 되어 주었다. 문제는 1997년 중국 북동부 한 지방에서 발견된 라오닝고니스라는 새의 화석 때문에 불거졌다. 이 화석은 시조새와는 달리 쇄골이 있었던 것이다. 이를 보고 창조론자들은 공룡과 조류 중간단계에서 진화를 보여주는 "시조새"라는 것은 애초에 사기였으며 새는 원래 있었던 종이라고 주장하게 된 것이다. 그러나 진화론자들은 진화란 직선적으로 일어나는 것이 아니며 아르케옵테릭스는 1억 5천만 년 전의 지층에서 발견된 종이고 라오닝고니스가 묻혀 있던 지층은 그보다 나중에 생성된 1억4천2백만~1억3천7백만 년 전 쯤의 것으로 밝혀졌다는 사실을 상기시켰다. 또 창조론자들은 진화론자 루벤의 연구를 근거로 새의 허파는 고도로 산소를 사용할 수 있는 구조로 되어 있으나 시조새의 허파는 악어 등의 파충류에 가까움으로써 새처럼 오랜 시간을 비행할 수 있는 산소를 충분히 공급할 수 없다고 주장한다. 그러나 실제 루벤이 발표논문에서 주장한 것은 원시조류 역시 수각류나 파충류처럼 현재 조류와 같은 완벽한 허파가 아닌 불완전한 허파를 가지고 있다는 것[8]이었다.

어느 쪽이 옳은지는 아직 확신할 수 없으나 시조새에 대해서는 아직도 이렇게

---

8) http://www.sciencemag.org/content/278/5341/1267.full;
Lung Structure and Ventilation in Theropod Dinosaurs and Early Birds/
Reptiles and birds possess septate lungs rather than the alveolar-style lungs of mammals. The morphology of the unmodified, bellowslike septate lung restricts the maximum rates of respiratory gas exchange. Among taxa possessing septate lungs, only the modified avian flow-through lung is capable of the oxygen–carbon dioxide exchange rates that are typical of active endotherms. Paleontological and neontological evidence indicates that theropod dinosaurs possessed unmodified, bellowslike septate lungs that were ventilated with a crocodilelike hepatic-piston diaphragm. The earliest birds (Archaeopteryx and enantiornithines) also possessed unmodified septate lungs but lacked a hepatic-piston diaphragm mechanism. These data are consistent with an ectothermic status for theropod dinosaurs and early birds. [출처-http://blog.naver.com/sinhj2003/80158894851: "교과서진화론개정추진회 시조새 삭제 청원 반박문 8편"|작성자 스펑크]

의견이 분분한 실정이다. 문제는 창조론자들이 시조새의 내용에 대해 교과서에서 뺄 것을 청원했다는 것인데 필자의 생각으로는 교육을 염두에 둔 교과서인 만큼 어느 한 쪽의 손을 들어주지 말고 두 주장을 공정하게 소개함으로써 학생들이 스스로 판단하게 하는 것이 현명한 처사가 아닐까 생각한다. 관심 있는 학생들이 이 내용에 대해 스스로 연구하게 함으로써 시조새의 정체를 밝히는 학자가 되고 싶다는 동기부여를 하는 것이 더 옳은 길이 될 것이기 때문이다. 하느님의 존재를 믿고 그것이 유일한 진리라고 생각한다면 사기꾼인 학자들이 어떤 주장을 했는지 밝히는 것에 대해 두려워할 이유가 없는 까닭이다.

제 2 부
"질풍노도"의 세기 **중생대**, 그 시작과 끝

2부. "질풍노도"의 세기 중생대, 그 시작과 끝

중생대는 고생대와 신생대를 잇는, 약 2억 4,700만 년 전부터 약 6,500만 년 전까지의 근 1억 8,200만 년 동안 계속된 지질시대를 말한다. 중생대는 공룡이라는 흥미진진한 동물 덕에 초등학교 아이들까지도 쉽게 입에 올리는 단어가 되었다. 중생대의 특질을 한마디로 표현하자면 오늘날 열대와 아열대 기후를 수식하는 말처럼 '고온다습'이라고 할 수 있다. 따라서 중생대 한국은 지금처럼 4계절이 뚜렷한 대륙성 기후를 나타내지 않았고 더 중요한 것은 반도가 아니었다는 사실이다. 2억 년에 가까운 시간 동안 지속되는 이 오랜 기간은 크게 삼첩기, 쥐라기, 백악기의 세 시기로 나뉜다. 이때는 대륙에도 큰 변화가 있었는데, 특히 쥐라기는 대보조산운동이라는 지각의 운동으로 현재 대부분의 우리나라 지형이 만들어졌던 '땅의 질풍노도 시기'였다.

   I. 대륙의 이동
   1. 판게아와 곤드와나

지금으로부터 약 2억 년 전인 중생대 초기까지만 해도 지구 위의 대륙은 하나로 붙어 있었다고 추정된다. 이를 초대륙 혹은 판게아라고 부른다. '판(Pan)'이란 라틴어로 "모든"이라는 뜻이고 게아(gea)는 그리스신화에서 대지의 여신으로 추앙받는 가이아(Gaia)에서 유래된 말로서, 판게아(Pangea)라고 하면 '모든 대륙'이라는 뜻이다. 이 대륙을 둘러싼 바다를 초해양, 판탈라사(panthalassa)라고 한다. 지구가 생긴 이래로 중생대 초까지 대륙은 내내 붙어있었을까? 결론을 미리 말하자면 그렇지 않다. 이 대륙의 조각들은 길고 긴 지구의 역사 기간 동안 모여서 초대륙을 이루었다가 다시 분리되기를 반복해 왔다.

   물 위에 퍼즐 몇 조각을 띄운다고 생각해 보면 이해가 가리라고 믿는다. 이 조각들은 물의 흐름에 따라 가까워졌다 멀어졌다를 반복하게 될 것이다. 지구는 고체처럼 보이지만 지각 아래서는 끊임없이 고열과 압력으로 인해 암석이 녹아 흐르고 있다. 바닷물, 산맥의 무게, 화산 활동 등으로 바다 위에 모습을 드러내고 있는 대륙의 지각도 물 위에서 표류하는 퍼즐조각처럼 이 흐름에 따라 흩어졌다 모였다를 반복하게 되는 것이다. 크게는 북쪽에 놓인 초대륙과 남쪽에 놓인 초대륙으로 갈라지고 그 후에 다른 대륙들이 갈래가 되곤 했다.

   2. 한반도는 어디쯤에 있었을까.

   남반구의 곤드와나 대륙 북쪽에는 로라시아 대륙(Laurasia land)이라는 또 하나의 퍼즐처럼 접합된 대륙판들이 있었다. 유럽, 북아메리카, 그린란드, 아시아 대륙이 로라시아 대륙에 속한다. 이는 지질구조의 유사성과 화석, 동식물의 분포, 대륙판이라는 퍼즐의 부분을 이루는 해안선의 모양, 빙하의 분포 등을 종합적으로 확인한 결과이다. 최근, 그러니까 고생대 말에서 중생대 초에 이르는 초대륙 판게아 직전에 하나로 뭉쳐 있던 초대륙은 로렌시아라고 부른다. 이런 식으로 지구에서는 몇 차례에 걸쳐 지각 판들이 초대륙으로 뭉쳤다가 각각 흩어지기를 반복해 왔고 그 각각의 시대에서 이룬 초대륙의 이름은 판게아나 로렌시아 등으로 고유한 이름을 가지고 있다.
   12억 년 전에도 한 차례 조산운동이 활발했었지만 일단 중생대에 집중해 보자면 데본기에서 페름기에 이르는 고생대 후기에는 북미와 곤드와나 대륙이 하나로 붙어 있었으며 다른 모든 대륙들도 이곳으로 접근해 하나의 대륙을 형성하게 된다. 대륙이 접근할 때 한 지각이 다른 지각의 아래쪽으로 관입, 혹은 섭입하게 되는데 이 때 지형이 활처럼 휘어지게 되어 호상지형(arc)이 만들어진다. 활처럼 휘어진 경계선을 전호(front arc)라 하고 같은 모양이 반대방향으로 우묵하게 발달한 것은 배호(back arc)라고 부른다. 우리나라에서 대표적인 배호지역은 동해안이다.
   트라이아스기에서 백악기에 이르는 중생대에 판게아 대륙은 여러 단계에 거쳐 분열하게 된다. 트라이아스 후기인 2억 2000만 년 전에는 북미와 유라시아가

1억년전 아시아지도

분리되기 시작했다. 남극 대륙과 호주는 인도로부터 분리되었고, 다시 인도에서 마다가스카르가 분리된다. 이 시기에 중국, 한국, 일본이 붙어있던 로라시아 극동의 지형도 차차 분리하기 시작한다. 중생대에 활발했던 대보조산운동의 일환으로 한반도에서도 대부분의 산맥이 형성되는데, 백악기 말부터 제 3기초에 걸친 융기작용으로 인해 경상계의 해저가 1000m 이상 융기하게 된다. 따라서 제주도와 울릉도를 제외한 부분은 육지가 되고 나머지 부분은 바다에 잠기게 되어 이 시기에 비로소 우리나라는 현재와 같은 반도의 형태를 띠게 된다.

3. 중생대 한반도 엿보기.

이 때 바다에는 중생대의 표준화석인 암모나이트가 크게 번성하기 시작했다. 암모나이트는 현대의 오징어 같은 두족류로서 어느 중생대 지층에서나 고루 발견되는데, 고성공룡박물관, 태백시자연사박물관 등등 대부분의 자연사박물관에 가면 쉽게 화석을 관찰할 수 있다. 파충류는 트라이아스기에 급속히 발전하여 공룡으로 퍼져나갔다. 식물계에서는 겉씨식물이 많아졌다. 지름이 3m, 높이가 60m에 달하는 송백류의 규화목이 발견된 것으로 미루어 동물들뿐만 아니라 식물들도 이 당시에는 어마어마한 규모를 자랑했던 것이 분명하다. 규화목은 우리나라에서는 평양 부근에 발달한 중생대 쥐라기 초기 지층인 대동층에서 많이 발견되는데 큰 것은 지름이 30~40㎝에 이른다. 양구선사박물관이나 경보화석박물관에는 지름이 무려 2m가 넘는 대형 규화목도 있으며, 일반 나이테와는 다른 방사선 나이테를 보여주는 규화목도 있다. 이들은 박물관 건물 밖에 전시되어 있다.

3-1. 많은 화석을 선사한 1억 년 전 한반도의 모습

지금으로부터 약 1억 년 전, 즉 백악기의 아시아 및 인도 지역 지도를 보면 알 수 있듯이 이 시기에는 아직 한국이 속해있는 로라시아 판들이 완전히 분리되지 않아 중국대륙, 후에 일본 열도가 될 땅들과 함께 붙어있는 모습으로 나타난다.

한국의 중생대 지층은 평안누층군의 상부 층부터 시작되는 것으로 추정된다. 평양과 겸이포 부근, 영월-단양 및 문경에서 조선누층군, 평안누층군과 함께 분포하는 지층이다. 경계는 아직 확실하게 밝혀지지 않았지만 대개 평양 부근의 대동강 연안이 이에 해당될 것으로 보인다. 평안분지는 삼첩기 초에 형성되었는데 송림변동(松林變動)에 의해 육지화 되었으며 한반도 각처에 대동퇴적분지가 형성되었다. 이 지층은 평양 부근뿐만이 아니라 "충청남도 남서부에 위치한 남포층군과 영월에서 단양을 거쳐 문경까지 평안누층군과 함께 분포하는 반송층군과 한반도 남동부"의 "경상분지에 위치하는 경상누층군"[9]이다.

---

9) 이병주, 선우춘, 한국의 암석과 지질구조, 2010, 서울, 도서출판 씨아이엘, p201.

3-2. 중생대 지층과 암석
3-2-1. 충남 보령 일대.

충남분지 안에 포함된 대동층군은 남포층군이라고 불린다. 남포층군은 다시 아래서부터 월명산층(하조층), 조계리층, 백운사와 성주리 층으로 구분된다.

월명산층은 남포층군의 최하부의 지층이고 주로 운모편암과 화강편마암으로 되어 있다.

그 위의 아미산층은 800m에 달하는 두터운 층으로서 역암[10], 사암, 셰일[11]이 주를 이루는데, 상부에는 석탄층이 분포하고 있다.

조계리층은 주로 역암으로 구성되는데, 암석의 질에 따라 하부는 역암층, 중부는 셰일과 사암의 호층대, 상부의 역암층으로 분류된다.

백운사층은 회색 내지는 흑색 셰일과 소량의 탄층으로 주로 구성된다. 이 층은 암회색 세립질 사암, 100m두께의 세립질 사암, 셰일의 호층[12], 30m두께의 잡사암질 사암으로 이루어져 있다.

성주리층은 최상부에 위치한 중생대 지층이다. 이 층은 역암, 사암, 회색 셰일의 호층으로 구성된다.

---

10) "자갈의 크기에 따라 세력암(細礫岩:2-4mm), 중력암(中礫岩:4-64mm), 대력암(大礫岩:64-256mm)으로 나뉜다. 운반작용에 의해 마멸되어 둥그스름해진 역을 주로 한 것을 원력암(圓礫岩), 모난 각력(角礫)을 주로 한 것을 각력암이라고 한다. 역암에는 다른 암질의 역이 여러 가지로 함유된 경우가 많은데, 이러한 것을 다원(多元)역암이라고 한다. 이에 대하여 역의 종류가 한 종류인 것을 단원(單元)역암이라고 하며, 드물게 존재한다. 역암에는 유수(流水)나 빙하 등에 의해서 생성되는 것과, 화산활동과 더불어 생긴 것 등이 있다.": [역암 (e뮤지엄, 국립중앙박물관)]

11) 셰일은 원래 '조개껍데기(shell)'를 뜻하는 독일어 Schale에서 유래한 말이라고 한다. 중국과 일본에서는 이를 頁岩(엽암)이라고 부른다. 형태상 종이의 낱장들이 겹쳐져 책을 구성하듯이 얇은 면이 여럿 겹쳐 있는 것 같은 성질을 띤 암석을 부르는 말이다. 한국에서는 이를 혈암이라고 부르는데 이는 한자로 頁岩이라고 쓰기 때문이다. 즉 머리 혈(頁)자로 보아 그렇게 부른 것이 관행이 된 것이다. 그러나 이 글자는 책장을 나타낼 때는 '엽'으로 읽어야 한다. 따라서 중국이나 일본처럼 우리도 엽암으로 읽는 것이 바람직하다.[네이버 지식백과] 셰일 [Shale] (기본 광물·암석 용어집, 2010.11.15, 한국학술정보(주))

12) 호층 (互層) [호:층]: 구성 암석의 질이 서로 다른 두 종류 이상의 지층이 교대로 나타나는 상태를 말한다.

3-2-2. 단양~문경 일대의 중생대 퇴적암(반송층군)

에스테리아(그림: 초록인)

　단양에서 문경에 이르는 반송층군 지역은 역암, 사암, 셰일 및 무연탄층으로 구성되어 있다. 반송층군 중 단양에 위치한 지역의 경우, 사평리층, 현리층, 덕천리층으로 명명[정창희(1971), 손치무(1975), 박정서 외(1975)][13]하고 있다. 이 지층이 특별한 의미를 가지는 것은 반송층군에 포함된 보림층에서 삼첩기 말의 에스테리아(Estheria)화석이 산출되었기 때문이다.

　에스테리아는 이매패 조개와 거의 외관이 같지만 희한하게도 절지동물이다. 이 동물을 일반명칭으로는 에스테리아라고 부르지만 에스테리아는 곤충의 학명으로 이미 사용되고 있어 정식 학명은 카에네스테리엘라 지푸엔시스(Caenestheriella gifuensis)로 달리 지어야 했다. 주로 민물에서 사는데 기수(민물과 바닷물이 만나는 곳의 물)에서도 산다고 한다. 이들은 동물계 절지동물문 갑각강에 속한 동물이며 난생이고 자웅이체이다.

　봉명산층은 무연탄을 함유하는 지층인데 문경탄전 지대에 해당하는 옛 문경읍과 점촌 사이의 봉명산, 단산 일대, 남쪽의 불정리 동쪽에 분포하는 지역이다. 이곳은 주로 함탄층이다. 탄층이라는 사실로 미루어 중생대에는 이곳에 울창

---

13) 이병주, 선우춘, 앞의 책, p205.

자미테스(그림: 초록인)

한 숲이 우거져 있었다는 것을 알 수 있다. 봉명 탄광 내에서는 완전한 형태의 중생대 대표 식물 포도자미테스(Podozametes)의 화석이 발견되었다. 포도자미테스는 쥐라기에 전세계에 걸쳐 번성하던 나자식물(겉씨식물)인 소철류이다. 이 화석은 현재 태백시의 석탄박물관에 보관되어 있다.

3-2-3. 경상누층군

중생대 쥐라기 후기에서 백악기에 걸쳐 화산암류를 수반한 두꺼운 육성퇴적층이 형성되었는데 이 퇴적층을 경상계 또는 경상누층군이라 한다. 고토(小藤 文次郞, Koto)는 경상남북도에 넓게 분포된 중생대층을 1903년에 처음으로 경상층이라 명명한 사람이다. 1925년 가와사키(川崎繁太郞, Kawasaki)는 평안층군의 상부를 제외한 모든 중생대층을 "대동계"라 이름 짓고 이를 다시 "하부 대동계"와 "상부 대동계"로 구분했다. 1928년 콘노(今野圓藏, Kon'no)는 가와사키의 "하부 대동계"와 "상부 대동계" 사이에 지각변동에 의해 눈에 띄는 지질구조의 차이가 있다는 사실을 중요하다고 여겨 "상부 대동계"를 분리시켰으며, 가와사키는 상부 대동계에 대해 고토의 경상층을 따라 경상계라는 명칭을 사용하였다. 따라서 현재 "경상계"라는 명칭은 "상부 대동계"만을 지시하는 것으로 통용되고 있다. 1929년 다테이와(立岩巖, Tateiwa)는 경상분지 내의 경상계를 낙동통, 신라통, 불국사통으로 구분했다. 이에 대하여 1975년 장기홍은 새로운 층서구분을 제안하여, 하부에서부터 신동층군, 하양층군, 유천층군으로 구분하였으며 이들을 경상누층군이라 했다.(……)[14]

선캄브리아기 스트로마톨라이트
(왼쪽: 출토지, 인천 옹진군 소청도)와 중생대

스트로마틀라이트
(오른쪽, 사진제공: 국립문화재연구소 공달용 박사)

[출토지: 경북 경산]

---

14) http://terms.naver.com/entry.nhn?docId=977552&cid=42456&categoryId=42456: [네이버 지식백과] 경상누층군 [慶尙累層群, Gyeongsang Supergroup] (지구과학사전, 2009.8.30., 북스힐)에서 발췌 및 요약 인용함.

이 지역은 발견된 화석으로 판단할 때 중생대에 호수였던 곳이다. 이 곳 호수 퇴적층에서 산출되는 화석은 주로 연체동물, 에스테리아, 개형충류, 어류, 윤조류, 스트로마톨라이트, 공룡발자국, 화분, 포자 그리고 유관속 식물 등등의 화석이다. 화석으로 미루어 이들이 살았던 백악기 전기~중기의 기후는 아열대, 온대였을 것으로 추정된다. 고성, 전남 우항리 등, 공룡이나 익룡의 발자국 화석이 남은 곳도 다 이 지층이 분포하는 지역이다.

3-2-4. 한반도에서 공룡뼈와 화석이 발견되지 않았던 이유

위에서 화석이 분포할 만한 지역의 지질을 간단히 짚어보았다. 따라서 여기서 언급하지 않은 지역에서는 화석이 그리 빈번히 발견되지 않거나 아예 발견된 적이 없었던 지층들로 이루어졌다고 보면 된다. 사실 어느 지역에서나 퇴적층이 있다면 화석은 발견될 수 있다. 근래 들어 우리나라에서도 의미 있는 화석들이 꽤 발견되기는 했지만 아직 그리 만족할 만한 수준으로 출토되지는 않는 편이다. 위에서 언급하지 않은 서울, 포천, 의정부 등 지역, 수원, 이천, 남양, 안성 등의 경기도 지역, 김포, 인천 등과 강화도 화강암 지역은 대보조산 운동 때 고열과 고압으로 인해 성질이 바뀐 화성암이 주를 이루는 지역이기 때문이다. 물론 강화와 서해안 일부 지역에서는 시아노박테리아가 만든 스트로마톨라이트 같은 화석들도 발견된 적이 있지만 지층이 끊어져 드러난 부분에서 일부 확인할 수 있었을 뿐이다. 고압과 고열로 인한 변성암이 주를 이루는 이 지역에서는 화석이 온전한 형태로 보존되기가 힘들고 암석들이 대단히 단단하기 때문에 발굴하기도 힘들다. 또 가파른 산들이 많아 발견된다 해도 발굴하기가 힘들뿐만 아니라 나무와 숲으로 가려져 있어 겉으로 잘 드러나지도 않는다.

위에서 살펴본 바와 같이 자연적인 환경에도 문제가 있는데, 그것보다도 큰 이유는 우리나라의 국토가 상당히 좁은 편이라는 사실이다. 현재는 인구 증가율이 거의 세계 최하수준을 보이고 있지만 아직도 국토에 비해 인구는 많은 편이라 땅을 집약적, 경제적으로 사용해야 하는 게 원인이다. 따라서 몇 달, 때로는 몇 년씩 땅을 비워두고 탐사를 해야 하는 화석 발굴 작업에 자신의 땅을 내놓으려는 사람은 거의 없다고 봐야 할 것이다. 최근에 발견된 공룡알 화석이라든가 둥지, 발자국 화석들도 대부분 경제적으로 사용하지 않는 해안에 있거나 대규모 건축공사를 위해 땅을 파내다가 우연히 발굴된 것들이다. 그런데 만일 화석 하나가 발견되는 순간 그 자리에 기념박물관을 짓고 발견된 화석을 전시해 지속적인 경제적 수입이 발생한다면 지금과는 정반대의 현상이 일어나게 될 것이다. 김유정의 『금 따는 콩밭』에서처럼 모두 다 자신의 땅에서 화석을 캐내려고 할는지도 모른다. 과유불급(過猶不及)이라는 말이 있듯이 김유정 소설 주인공처럼 돈을 벌기 위해 멀쩡한 땅을 파헤치고 화석을 찾아 헤매는 건 안 되겠지만 이미 화석이 발견된 지역, 지난 지구의 역사를 고스란히 보여주는 한국의 명소를 국제적인 학술테마 관광지로 개발하는 일은 꼭 필요하다.

  아는 만큼만 보인다는 말도 있다. 어느 정도 고생물학이나 화석에 대한 상식이 있어야 우연이라도 화석에 맞닥뜨렸을 때 그것이 화석이라는 사실을 알아볼 수 있을 것이다. 자녀들과 함께 자연사에 대한 책을 읽고 그 유적지를 찾아가는 지속적 테마 여행으로 화석에 대한 혜안이 생긴다면 자녀들 역시 화석에 대해 안목 있는 교양인으로 성장할 것이다. 일반적인 국민들에게 지형과 지질, 화석에 투자할 수 있는 경제적, 시간적 여유, 그리고 그것을 알아보는 안목이 있다면 우리나라도 언젠가는 화석관찰 등을 위한 세계적 문화.학술 테마 관광지로서 각광받게 될 것을 확신한다.

  II. 역사상 생물 대절멸 사건들, 그리고 공룡의 최후

  공룡이 사라진 이유에 대한 궁금증 덕에 대부분의 우리는 운석충돌이 원인으로 추정되는 중생대말 생물 대 멸절 사건을 알고 있다.

  1982년 잭 셉코스키 와 데이빗 라우프는 지구상에 생물이 태어난 이후 다섯 번에 걸친 대멸종이 있었다는 논문을 발표했다. 이 논문이 100% 진실일 수는 없

지만 화석 등의 자료를 근거로 볼 때 역사상 고비마다 확실히 알 수 없는 이유로 생물들이 한 순간에 사라져 버리는 대멸종이 있었다는 것만은 확인할 수 있다. 그 중 가장 큰 사태를 중심으로 다섯 번에 걸친 대멸종을 먼저 일어난 순서대로 정리해 본다.

이언	대	기	세	시기	6대멸종 사건
현생이언	신생대	제4기	인류세	현재	향후 생물의 20-60% 멸종할 확률이 있다.
			홀로세	1만 1700년 전	
			플라이스토세	180만 년 전	
		제3기	플라이오세	530만년 전	백악기말 멸종 (6650만 년 전)
			마이오세	2300만 년 전	
			올리고세	3390만 년 전	
			에오세	5580만 년 전	
			팔레오세	6550만 년 전	트라이아스기말 멸종
	중생대	백악기		1억 4500만 년 전	
		쥐라기		1억 9960만 년 전	
		트라이아스기		페름기말 멸종 2억 5100만 년 전	
	고생대	페름기		2억 9900만 년 전	
		석탄기		3억 5900만 년 전	
		데본기		4억 1600만 년 전 데본기 말 멸종	
		실루리아기		4억 4400만 년 전 오르도비스기말 멸종	
		오르도비스기		4억 8800만 년 전	
		캄브리아기		5억 4200만 년 전	
원생이언				25억 년 전-	
시생이언				46억 년 전-	

1. 5번에 걸쳐 일어난 생물 대멸종

1-1. 고생대 오르도비스기말 대멸종

대부분의 독자들이 고등학교에 다닐 때까지 배웠겠지만 기억을 되살리자는 의미에서 다시 한 번 적어보면 고생대는 캄브리아기, 오르도비스기, 실루리아기, 데본기, 석탄기 및 페름기의 6기(紀)로 나뉜다. 이 중 오르도비스기 말 대멸종은 총 다섯 번 있었던 대멸종 가운데서 두 번째로 큰 규모의 사건이다.

계문강목과속종(界門綱目科屬種). 이는 동물을 가장 큰 분류로부터 점차 세분화 되는 순서대로 나열한 용어들이라는 사실을 다시 한 번 상기해 보자. 그 중 오르도비스기에서 실루리아기로 넘어가는 시기에 세상에 등장했던 동물 과(科)의 27%, 속(屬)의 57%가 멸종했다. 이는 지구에 생물이 생긴 이래로 일어났던 다섯 번의 대멸종 중에서 두 번째로 큰 규모의 멸종이었다.

1-2. 고생대 데본기 말 멸종

데본기에서 석탄기로 넘어가는 시기에는 지속적으로 생물들이 멸종해갔다. 약 2000만년에 걸쳐서 주기적으로 대멸종이 이루어졌으며 이 때 19%의 과, 50%의 속 그리고 70% 종이 사라졌다.

1-3. 페름기-트라이아스기 멸종

페름기에서 트라이아스기로 바뀌는 시기는 가장 큰 생명의 멸종이 있었다. 곤충을 포함하여 57%의 과, 83%의 속이 모두 멸종했다. 동물계의 대멸종 후 식물에서도 새로운 분류군이 우점종이 된 것으로 보아 식물 역시 이 재앙으로부터 안전하지는 않았던 것으로 보인다. 육지에서는 많은 종류의 포유류형 파충류가 자취를 감추고 지배적인 위치를 잃었으며 그 빈 자리를 지배파충류가 메웠다. 바다에서는 고착동물의 수가 67%에서 50%로 감소했다.

1-4. 트라이아스기-쥐라기 멸종

이 시기에는 당시 동물계 중에서 23%의 과, 48%의 속이 모두 멸종하였다. 대부분의 공룡이 아닌 지배파충류, 수궁류, 거대한 양서류가 없어졌고, 따라서 육지에서의 공룡들 간의 경쟁은 줄어들었다. 지배파충류는 수중환경을 여전히 지배했다.

1-5. 백악기-제3기 대멸종

백악기 말 그러니까 신생대가 막 시작되려는 6500만 년 전 운석충돌로 인해 공룡이 자취를 감춘 그 멸종사건을 말한다.

트라이아스기에서 쥐라기로 바뀌는 시기에도 공룡은 어떤 이유로 서서히 수가 감소했던 것으로 보인다. 그러나 지금으로부터 6500만 년 전에는 지우개로 지운 것처럼 지구상에서 흔적이 완전히 사라져버린다. 이 때 다른 생물도 함께 사라져서, 동물계 중 23%의 과, 48%의 속이 모두 멸종했다. 공룡 외의 지배파충류 대부분, 수궁류[15], 거대한 양서류가 사라졌다. 지배파충류는 수중에서는 계

---

15) Therapsid[수궁류 獸弓類 또는 수형류 獸形類(수형류, 학명 : Therapsid는 수궁류뿐만 아니라 현생 포유류를 포함해 단궁류 전체를 포함하는 분기군(clade)으로 부르기도 한다.)]는 페름기 전기 2억7500만년전 에서 백악기 전기 1억년전 까지 살았던 단궁형(單弓型, Synapsid)파충류로서 현생 포유동물의 조상격 되는 동물이다. 최초의 화석은 페름기 초기 지층에서 발견된 Tetraceratops insignis 이다. 그리고 포유류를 제외한 수궁류의 혈통은 백악기 초기(1억4600만년전~1억년전)에 모두 멸종했다./수궁류는 반룡목(盤龍目, Pelycosauria)의 스페나코돈(Sphenacodon)그룹에서 진화해 출현한 것으로 추정된다. 원시 수궁류는 소련의 중기 페름기 퇴적층에서 화석으로 나타난다. 후기 형태는 오스트레일리아를 제외한 모든 대륙에서 발견되고, 남아프리카의 페름기 후기와 트라이아스기 초기에서 흔히 발견된다. 사지(四肢)는 주로 엎드려서 걷던 다른 파충류와 달리 밑으로 뻗어서 몸을 지면에서 들어 올려 능률적으로 운동할 수 있었고 사지로만 땅을 밟고 뛸 수 있었고 지대(肢帶)는 네 발을 가진 동물이 이동하기에 알맞게 변형되었다. 두개골은 포유동물처럼 측두부(側頭部)에 개구부가 1개 있고 아랫부분이 골궁(骨弓)에 의해 싸여 있었다. 대부분의 종(種)들은 이빨이 포유동물처럼 먹이를 무는 앞니, 먹이를 찌르는 큰 송곳니, 먹이를 부수는 일련의 어금니로 분화되었다. 아래턱은 포유동물이 1개의 뼈로 이루어진 것과는 달리 7개의 뼈로 이루어졌고, 두개골과 원시적인 관절을 이루므로 구조상 파충류와 비슷하다. 더 진화한 형태의 수궁류는 포유동물처럼 구개(口蓋)에 골판(骨板)이 있었다./수궁류의 한 가지로서 주목할 만한 종류는 2개의 엄니를 갖는 초식성 디키노돈트(dicynodont)인데, 이것은 윗송곳니만 그대로 남아 있고 다른 이빨은 각질의 부리로 대치되었다. 육식성의 수궁류 중에 고르고놉시아류(gorgonopsians)와 테로케팔리아류(therocephalians)는 페름기에, 진화된 키노돈트(견치류/犬齒類, cynodont)와 바우리아류(bauriamorphs)는 트라이아스기에 주로 살았다. 그 중 키노돈트에서 원시적인 포유류를 거쳐 현재의 단공류와 유대류, 태반류

속적으로 지배적인 위치에 있었던 종이다. 이궁류[16] 역시 당시 바닷속 환경에서는 지배적인 종이었다. 익룡, 어룡, 수장룡뿐만 아니라 굴, 오징어, 플랑크톤 같은 해양생물의 66%도 이 시기에 사라졌다.

2. 공룡의 최후

한 때 지구의 주인이라 할 만큼 번성하던 공룡이 자취를 감추고 말았다. 우리는 주저 없이 운석충돌이 원인이라고 말하지만 사실 다른 학설도 존재한다. 그리고 사실 운석충돌설은 그 이전에 있었던 대멸종의 원인까지 설명하지는 못한다. 운석충돌은 비슷한 시기에 설상가상으로 더해졌던 우연한 사고였을는지도 모른다. 공룡대멸종의 원인에 대해서는 많은 이론이 주장되었지만 가장 신뢰받는 학설인 백악기말 운석충돌설에서부터 시작하여 공룡멸종 원인을 간단하게 소개하기로 한다.

2-1. 운석 충돌설

1977년 캘리포니아 버클리 대학의 지질학자 월터 알바레즈 연구팀은 대륙이동의 단서를 찾기 위해 이탈리아의 지층을 조사 중이었다. 그 중 중생대와 신생대 경계 지층 사이에서 얇은 지층을 발견했는데 그 지층의 아래쪽에 위치한 백악기 지층에는 두텁게 유공충 화석들이 있었지만 이 얇은 충 위쪽에서는 유공충이 전혀 발견되지 않았다. 그 외 다른 유럽지역이나 뉴질랜드 등 남태평양에 위치한 나라들의 지층에서도 같은 현상이 관찰되었다. 그는 이 지층의 샘플을

가 진화된 것으로 보인다.
[출처; http://blog.naver.com/fusob905n/30097100980: 수궁류(Therapsida, 獸弓類)|작성자 cheongju city bus]
16) 약 3억년 전, 고생대 석탄기에 살던 파충류 중 두개골 양쪽, 눈 뒤쪽에 2개의 구멍을 가진 동물들. 현존하는 이궁류는 크로커다일악어와 도마뱀 그리고 뱀과 옛도마뱀류 등이 있다. 주류도 이 이궁류에서 진화한 것으로서 오늘날에도 최소한 7,925종의 파충류 이궁류, 조류를 합하면 14,600종 이상의 이궁류가 살고 있다.

분석 의뢰했다. 그 결과 해당 지층에서 정상치보다 훨씬 높은 이리듐이 농축되어 있다는 사실을 알아냈다. 이 비율은 운석의 이리듐 포함 수치와 일치했다. 운석 내 이리듐의 질량을 기준으로 계산한 운석의 지름은 거의 10 km에 달했다. 그리고 이런 운석이 충돌할 때의 충격에 의해 생길 크레이터는 직경이 200km, 깊이 40km에 달하게 된다고 한다. 그러나 지구상에서 이와 일치하는 어마어마한 크기의 크레이터를 발견하지 못해 학설로만 주장되고 있었다. 그런데 1991년, 나사(NASA)의 인공위성이 유카탄 반도 부근에서 50~500m 정도 직경의 절구 모양으로 파인 땅들이 호를 그리며 연결된 것을 발견했다. 이 호를 중심으로 계산한 결과 만일 이것이 운석구가 파묻힌 흔적이라면 운석구의 지름이 200Km에 이른다는 것을 확인하고 지층을 분석한 결과 텍타이트를 발견해 냈다.

텍타이트는 탄산염 암석이 접촉 변성작용이나 교대 변성작용을 받아 복잡한 광물조성을 나타내는 암석으로서 이 지층이 석회질이 퇴적된 해역이었다는 증거가 된다. 운석 충돌 당시 이 부근은 수백 미터 바다 속이었으므로 이 석회질 층이 어떠한 이유로 엄청난 온도에 의해 변성암이 되었다는 사실을 증명하고 있었다. 목성 등 다른 행성에서 일어난 운석 충돌을 예로 추정해 볼 때 지름 10Km의 운석이 20Km의 속도로 지구와 충돌했다면 그 지역에서는 순식간에 2만여 도의 열이 발생하며 충돌 시 생긴 운석 파편들이 대기권 밖으로 튕겨나갔다가 다시 초속 10Km정도로 지표면에 균일하게 떨어져 지구와 충돌을 일으킨다고 한다. 그 충격으로 지구에는 40여 분간 2000도 가량의 열이 발생하게 된다. 텍타이트의 존재는 이런 시나리오가 결코 가설에 지나는 것이 아님을 증명한다고 하겠다. 이 온도에서 살아남을 수 있었던 생명이라면 심해나 깊은 지하에 있어 열이 완전히 침투하지 못한 몇 종뿐이었을 것이 분명하다. 이 발견 이후로 학자들은 대체로 백악기 말 공룡의 멸종은 운석충돌이 원인이라고 믿게 되었다.

그럼에도 불구하고 직접적인 충격이나 뜨거운 온도에 노출되지 않았던 심해 생물이나 깊은 땅 속에 살던 생물은 살아남을 수 있지 않았을까? 물론이다. 그래서 우리는 지금 고생대에 출현한 실러캔스나 앵무조개, 바퀴벌레, 은행나무 등 아직도 생명을 이어가는 동식물의 모습을 볼 수 있다. 하지만 중생대에 살았던 생물 전체로 보았을 때 살아남은 종의 수는 거의 멸종한 것과 마찬가지로 무시해도 될 만한 수준이다. 결국 중생대 대멸종에 대한 의문은 여전히 남는다. 어떻게 한순간에 그 많은 동물이 동시에 죽을 수 있었던 것일까? 이는 핵겨울이라는 말로 설명이 가능하다. 핵겨울이란 핵폭탄이 지구에 동시다발적으로 폭발했을 때 야기되는 현상과 같다고 해서 생긴 말이다. 핵폭발은 엄청난 분진 등으로 대기권을 둘러싸 햇빛이 지구에 도달하는 것을 막는다. 그러면 빙하기라 할 만한 추운 날씨가 이어지고 식물들이 얼어 죽는다. 식물을 먹이로 했던 초식동물들은 굶주림으로 죽게 되고 이를 먹이로 삼았던 먹이사슬 최정점에 있는 육식동물들까지도 모두 죽게 된다. 지구에서 남는 것은 극한이나 초고온에서도 살아남는 심해생물이나 바이러스, 세균 정도만이 될 것이다. 그런데 중생대 운석충돌의 충격은 전 세계에 존재하는 핵폭탄을 동시에 터뜨린 것보다 10,000배나 강력한 위력이었다고 추정된다. 이 사실을 알고 나면 공룡들이 어떻게 하루아침에 멸종했는가에 대한 의문보다 이런 극한상황에서 어떻게 몇 종이라도 살아남아 지금까지 진화를 계속하고 있는가에 대한 의문이 더 커질 것이다.

2-2. 지구내부원인설

쥐라기 말, 백악기 초에는 화산활동이 격심하게 일어났는데, 이로 인해 지구 내부에 들어있던 이리듐 등의 원소가 용암으로 분출되어 지표면에 고르게 퍼졌다는 설이다. 그리고 이로 인한 핵겨울 현상, 산성비 등의 악조건이 공룡을 멸종시켰으리라는 주장이 화산활동설이다. 그러나 이 이론은 현재 지표에서 발견되는 이리듐이 운석의 조성성분인지 지구조성성분인지 확실하게 구분해 줄 증거를 제시하지 못했고 순간적인 고압에서 생성되는 충격석영 등의 존재를 설명해 주지 못했으므로 폐기된 상태다. 또 해양의 수위가 저하되었기 때문에 급격한 환경변화가 생겨 멸종되었다는 해수준 저하설도 한 때 제기됐었다. 이 이론은 지구의 역사를 돌아볼 때 해수준이 내려갔을 때 대멸종이 있었고 올라갔을 때는 종이 증가했다는 증거들이 발견됨으로써 한 때 힘을 얻었다. 하지만 신생대

제 4 기에 해수준이 전지구 규모로 낮아졌을 때 북극에서 시원(始原)한 한류의 영향을 받은 지역에서만 멸종이 일어났었다는 사실이 알려지면서 설득력을 잃었다. 또 한 가지 유력한 학설은 지자기설이다. 용암에는 자철석이 용해되어 있는데 이 용암이 식어 암석으로 될 때 자성을 띤 자철석은 지구자기의 방향에 영향을 받아 나란히 배열된다. 이런 자철석의 특성으로 인해 암석은 생성 당시 지자기의 방향을 알려주는 역할을 한다. 따라서 암석을 분석해 보면 지층이 형성될 당시의 지자기 방향을 알아낼 수가 있는데, 공룡과 해양생물이 동시에 멸종했던 백악기와 신생대 제 3 기 경계에 있는 지자기가 현재와 반대방향이었다는 사실이 증명되었다. 하지만 이것이 모든 생물의 멸종을 동시에 가져올 만한 것이 었는지는 아직 확증할 수 없다. 이 외에도 신생대에 나타나기 시작한 현화식물을 먹이로 한 초식성 공룡들이 이 식물들에 포함된 알칼로이드에 중독이 되어 멸종했고 이들을 먹이로 살아가던 육식공룡도 따라서 멸종했다는 설, 공룡의 방귀 때문에 온실효과가 나타나 공룡이 멸종했다는 다소 믿기 어려운 학설도 대두되었다. 어쨌든 공룡의 멸종 학설 중에서는 운석충돌설이 가장 설득력 있는 것으로 평가받고 있다.

3부. 공룡 따라 배낭 메고.

1. 공룡은 바닷가에서만 발견된다?

현재 우리나라에서 공룡이 살았던 흔적이 발견되는 지역은 주로 바다를 면한 남해안 쪽이다. 한국공룡은 남해안을 중심으로 살아간 것일까? 고고학적 자료를 근거로 재현한 다큐멘터리 영화를 보면 공룡은 높은 산과 늪지, 울창한 숲을 가리지 않고 살아가는 것으로 보인다. 중국의 경우, 특히 고비사막에서 많은 공룡관련 화석이 발견되고 있다. 언뜻 이해할 수 없는 부분이다. 사실, 지금은 사막으로 변했지만 중생대 후기 백악기 때 고비사막이 있던 곳은 넓은 평야, 호수와 연못, 수많은 강들이 발달해 있던 지형이었다, 즉 이곳은 내륙의 삼각주로서 다양한 식물과 초식동물, 육식 동물의 화석이 발견되고 있다. 우항리 등 우리나라에서 공룡의 발자국이 남은 곳, 공룡 뼈, 혹은 알 화석이 발견되는 곳도 당시 고비사막처럼 많은 강과 습시가 분포하던 호숫가였다. 또, 당시 지구를 지배하던 동물은 파충류, 그 중에서도 공룡이었지만, 주머니쥐(유대류)인 델타떼리디움 같은 포유류도 서식한 것으로 보인다.

한반도에서 공룡뼈와 생흔화석이 발견되는 지형 역시 당시 고비사막과 비슷한 식생을 가졌을 것으로 추정되나 한 가지 현격한 차이가 있다. 고비사막이 탁 트인 평원인데 반해 한국은 산악이 많은 지형이라는 것이다. 공룡과 익룡뿐만 아니라 시조새, 조류와 같은 중생대 동물들의 생흔화석이 가장 풍부한 지역의 하나인 우리나라에서는 공룡화석이 거의 발견되지 않고 있다. 그 원인은 고비사막과 한반도의 지형차이에서 찾을 수 있을 것이다. 중생대에 한반도에서는 습곡과 단층작용이 활발했고 이 때 대부분의 산맥이 생겼다. 또 남중국판과 북중국판이 임진강대에서 충돌한 흔적이 있는데 이렇게 지각과 지각이 충돌하고 합쳐질 때에는 압력과 열을 받아 변성암이 생성된다. 우리나라 암석의 주종은 이렇게 생긴 변성암들이다. 이들은 강도가 높아 화석이 겉으로 드러나기에는 어려운 환경이라고 하겠다. 따라서 남해안이나 시화호 주변처럼 사람의 발길이 닿지 않고 강한 암석으로 덮여 있지 않은 곳에 묻힌 화석만 발굴되었던 것이다.

중생대 쥐라기(2억 8백만년 전~1억 3천 5백만년전)에 우리나라에서는, 앞서 언급한 급격한 지각운동, 즉 대보조산운동으로 불리는 운동에 의해 소백산맥 등 습곡산맥들이 만들어지고 그 과정에서 호수들이 많이 생겼다. 이 호수는 가히 바다라 할 만큼 드넓은 것이어서 지름이 수십 km에 달했다. 쥐라기에 이어 백악기(1억 3천만년 전부터 6천5백만년 전 사이의 약 6천5백만년)가 오면 한반도에 공룡의 시대가 도래한다. 그리고 이때는 지각운동만이 아니라 화산활동 역시 활발했다. 한반도에서는 주로 남해안에 공룡의 뼈와 생흔화석이 남아있는데 흔하지는 않지만 내륙에서도 공룡의 흔적은 발견되었다. 이런 화석발굴지들은 모두 쥐라기에서 백악기에 이르는 중생대에는 호수였던 곳이다. 따라서 현재 공룡들이 발견되는 곳이 해안인가 아닌가의 문제는 공룡들의 서식환경과는 아무런 관계도 없으며 이들 지형이 공룡들이 살아있을 당시 공통적으로 호숫가였다는 사실만이 중요한 것이다.

1. 경기도 화성시 고정리 화석산지

대보조산운동으로 인한 화강암, 변성암이 주종을 이루는 특수지형, 그리고 인구밀도가 높아 땅을 집약적.고효율적으로 사용하고 있는 지리적.사회적 환경 탓에 우리나라에서는 1972년까지 화석의 발견이 전무하다시피 했다. 그러나 경남 하동군에서 공룡알이 발견된 것을 필두로 공룡둥지와 알, 공룡발자국 등 고고학적으로 의미가 큰 자료들이 지속적으로 발견되어 왔다. 이 중에서도 경기도 화성시 고정리는 세계적인 공룡화석산지로 급부상하고 있다.

고정리는 서해안에 변한 작은 마을이다. 이곳은 경기 육괴가 바다와 맞닿아 있는 곳으로서, 이곳 지층에서 대규모 공룡화석산지가 발견되었다. 현재 이곳은 천연기념물414호로 지정되어 있다. 중생대 백악기에는 충적선상지였던 것으로 추정된다. 이곳이 가히 세계적이라고 할 만한 특별한 의미를 지니는 것은 2~3

가지 이상의 서로 다른 초식 공룡 알들이 지층의 여러 부분에 수직적으로 분포하고 있다는 사실 때문이다. 이런 화석지형의 양상은 아주 오랜 세월에 걸쳐 꾸준히 공룡들의 집단 산란이 이루어졌다는 사실을 말해주고 있다. 이 화석들은 1994년에 시작된 시화호 일대 물막이 공사를 하던 중에(1999년) 발견되었고, 1억 년 전인 중생대 백악기의 공룡알 화석이 발견된 지역은 바닷물이 막히기 전에는 사람이 살지 않았던 섬이었다. 지금까지 갯벌 위로 솟은 9개의 섬, 그리고 노두 표면의 12개 지점에서 알둥지 30여개와 공룡알 화석 200여 개가 발견되었다. 아직 발굴되지 않아 갯벌에 묻혀 있을 공룡알까지 찾아낸다면 이곳은 세계 최대 규모의 공룡알 화석산지가 될 것이다.

1-1. 고정리에는 무엇이 있나?
1-1-1. 고정리 화석산지 전시관, 〈화성공룡알화석산지방문자센터〉

왜 우리나라에서 공룡화석이 발견되지 않았는지 앞서 간략하게 언급한 바 있다. 이것은 역으로 우리나라에서 어떤 순간에 화석이 발견될 것인가에 대한 실마리가 된다. 세계적으로 가장 의미 있는 중생대 화석산지로 손꼽히는 고정리는 평소에 아무도 찾지 않는 곳이었다. 그만큼 인간이라는 동물에 의해 훼손되거나 두터운 암석, 콘크리트에 묻힐 염려가 없는 곳이었다는 뜻이다. 때는 1994년으로 거슬러 올라간다. 시화호 물막이 공사를 하던 중 공사 책임자는 참으로 이상한 지형과 바위를 보게 된다. 그는 암석 사이에 거위알, 혹은 막 영글기 시작한 박 같은 것을 발견한다. 그런데 다가가 아무리 만져도 집어들 수가 없었다. 왜냐하면 그것은 이미 돌로 변해버린, 오랜 세월 탓에 우리가 화석이라고 부르는 물건으로 변신해 버린 공룡알이었기 때문이다. 한 때 동물의 알과 그것을 받쳐 주는 암석으로서 만났던 이들은 억년의 세월을 함께 한 탓에 한 몸으로, 하나의 재질로 붙어 화석이라는 존재로 일체화해 버린 것이다. 바닷물을 막아 사람들이 살기 위한 준비를 하던 중 옛 주인의 자취를 우연히 발견하게 된 것이다.

1억 년 전인 중생대 백악기의 공룡알 화석이 발견된 지역은 바닷물이 막히기 전에는 사람이 살지 않았던 섬이었다. 이 소식을 들은 국내외 고고학자며 공룡 연구가들이 모여들었다. 그리고 그곳이 세계최대의 공룡화석지임을 확인하고 선포했다. 그 자리에는 지금 그 흔적이 무엇을 의미하는지를 기리는 <화성공룡알화석산지방문자센터(흔히 화성공룡박물관이라고들 부른다.)>가 세워져 있다.

　1994년이면 20년 전이다. 그런데 공룡의 자취가 발견된 그 곳은 아무에게도 방해받지 않고 잠자고 싶은 그들의 염원 때문인지 20년이 지난 아직도 황량하다. 세계적 학술가치가 높은 곳으로서 봉인되었기 때문이다. 자연환경에 솔직한 공룡은 자신들의 생태계를 지켜줄 자연의 먹이를 찾아 이동했고 그 결과 이곳에 둥지를 틀게 되었을 것이다. 수없는 알 무더기와 둥지의 흔적을 보면 이곳이 길고 긴 잠을 자고 있는 그들에게 얼마나 쾌적한 곳이었을는지 상상이 간다.
　반면 인간의 생태계는 소란스럽다. 휴일이면 길마다 주차장으로 변하건만 1억 5천만 년부터 6500만 년 전까지 이곳을 지키던 옛 주인들의 영원한 휴식처로 향하는 사람은 많지 않아 자동차들은 도로 위를 그런대로 수월하게 달릴 수 있다.
　인간은 자연이 아니라 그들이 인공적으로 구축한 폐쇄공간 속에서 자연을 부릴 수 있는 화폐를 만들고 그 화폐가 흘러드는 곳으로만 몰려든다. 그러나 이곳에는 화폐와는 무관한 태고의 고요가 흐르고 있을 뿐이다.

1-1-2. 코리아케라톱스 화성엔시스

　고정리에서 발견된 공룡 알 화석은 지름 약 12~14㎝, 알 껍질 두께는 대부분 약 1㎜ 정도이지만 3.4~4.9㎜의 두터운 껍질을 가진 것도 보이며 모양은 둥글고 검붉은 색을 띤다. 둥지의 공룡 알은 대부분 윗부분이 깨져 있다. 이것은 새끼가 알을 깨고 나간 것이 아니라 외부의 충격에 의해 파손되었다는 것을 뜻한다. 아마도 알을 먹는 작은 육식공룡이나 비교적 몸이 작은 포유류가 어미의 눈을 피해 이들을 양식으로 삼았을 것으로 추정된다. 알과 둥지의 형태로 볼 때 이 알들은 목과 꼬리가 긴 용각류와 오리주둥이공룡과 같은 조각류의 공룡알일 것으로 보인다.

고정리에서 발견된 공룡알 화석(사진제공: 국립문화재연구소 공달용 박사)

고정리에서 발견된 것은 세계적으로 희귀한 공룡알과 둥지뿐만이 아니다. 고정리 인근에서 의미 있는 공룡 화석까지 발견된 것이다. 지난 2008년, 고정리에서 약 37(38.69)km 떨어진 화성시 전곡면 전곡항 방조제에서는 한반도 최초로 뿔공룡 뼈화석이 발견되는 일대 사건이 벌어졌다. 머리에 세 개의 뼈가 있는 트리케라톱스 일족이었다. 특기할 만한 점은 이 뿔공룡이 다른 지역에서 발견되는 것처럼 마치 들소의 뿔과 같은 긴 뿔이 돋아나지 않은, 같은 종류 공룡으로서는 아주 초기의 형태를 띤 공룡이라는 사실이다. 학자들은 이 공룡을 코리아케라톱스 화성엔시스(Koreaceratops Hwaseongensis, 화성에서 발견된 한국 각룡류 공룡)라고 명명했다.

코리아케라톱스 화성엔시스는 이족보행에서 출발해 완전한 사족보행으로의 진화과정을 거친 뿔공룡인데 전체 길이는 2.3m로 추정된다. 꼬리뼈에는 척추뼈보다도 5배나 더 긴 신경돌기가 있고, 복사뼈가 독특한 모양을 하고 있다. 다시 말해 이들이 가진 꼬리는 현재 파충류들의 꼬리와 같이 진화의 흔적으로서 장식적으로 드리운 것이 아니라 중요한 기능을 담당하고 있었다는 뜻이다. 이 공룡은 납작한 꼬리를 물속에서 헤엄치는데 이용했을 것으로 추정하고 있지만 앞서 설명한 바와 같이, 반대 의견도 있다.

코리아케라톱스 화성엔시스 그림: 초록인

화성엔시스의 발견이 큰 의미를 가지는 것은 몽골에서 발견된 초기 신케라톱스류(Neoceratopsian)인 우다노케라톱스(Udanoceratops)보다도 화석에 나타난 형태상의 특징으로 판단할 때 약 2000만 년이나 앞섰다는 사실, 즉 우리의 화성엔시스가 유라시아 대륙에서 가장 오래된 신케라톱스류라는 점에서 큰 의미를 갖는다. 화성엔시스의 골격화석 발견으로 우리 고척추생물학계에서는 장차 한국에서도 골격화석이 많이 발견될 수 있다는 희망을 가질 수 있게 되었다. 전시실이 있는 2층 규모의 <화성공룡알화석산지방문자센터>에 공룡알 화석과 공룡모형이 전시되어 있는데 특히 코리아케라톱스화성엔시스의 복원품이 중앙에 전시되어 있다. 이 공룡은 화성시의 상징으로서 캐릭터화 되었고 화성시가 제작비를 투자해 3D애니메이션 영상으로 만들어져서 2014년 2월 17일부터 13주간, KBS에서 어린이 방송시간대인 4시 25분에 연속 상영되었다.

1-1-3. 끝없이 펼쳐지는 갈대밭

고정리. 어린이들에게는 다소 지루하게 느껴 질 수도 있는 이 평원은 신기하게도 마음의 평화를 준다. 한 때는 지구의 주인이었던 망자들이 주는 평화일까. 우리는 살아있는 동물들을 피하고 두려워하면서 살아간다. 그들이 우리에게 어떤 피해를 가할는지도 모른다는 두려움 때문이다. 그러나 죽은 자는 말이 없다. 그리고 살아있던 것들의 죽음은 우리를 사색으로 이끈다. 이런 의미에서 공룡알 화석을 보지 않아도 이곳은 가볼만 한 가치가 충분하다. 고정리 화석산지의 넓이는 무려 480만 평(15.9㎢)이다. 가을이면 그 공간을 갈대와 억새풀이 무성하게 뒤덮고 그 사이로 나 있는, 가도가도 끝나지 않을 듯한 유도산책로는 우리의 인생길만큼이나 아득하다.

갈대밭 사이로 붉은기를 품은 바위들은 그 자체로 공룡의 뼈대를 보는 듯한 착각을 일으킨다. 바닷물이 공룡의 뼈를 조각하듯 바위에 그들의 안식처라는 표지를 새긴 것이다.

우리나라에서는 보기 드문 황량함과 허무적인 아름다움 덕인지 이곳은 드라마 「무사 백동수」의 촬영지로도 활용되었다. 이 갈대밭에 놀이 물들면 장엄함과 비극미는 극치를 이룬다. 삶에 지친 이들, 어느 날 자신을 돌아보았을 때 무엇을 위해 달리는지도 모르겠고 끝없는 경쟁과 아귀다툼의 회오리 안에 매몰되어 있다는 느낌에 사로잡혀 본 이들이라면 반드시 이곳의 낙조를 고즈넉이 바라보는 기회를 만들기 바란다.

1-2. 고정리에서 하룻밤, 어디에 들르고 어디서 머물까?
1-2-1. 화성의 미래 송산그린시티

고정리 화석산지와 그 부근에서는 탐사와 학술연구를 위한 방문자뿐만 아니라 관광객의 편의를 위해 현재는 황무지인 화석산지 일대에 엄청난 재정을 배정

해서 신도시 개발을 진행시키고 있다. 이 도시는 일명 꿈의 도시 송산그린시티이다. 시화호 방조제를 조성함으로써 새로 생겨난 엄청난 규모의 땅이 공룡이라는 상품 덕에 개발의 타깃이 된 것이다. 이 부지는 총 1,654만 평, 분당신도시의 3배에 이르는 넓이이다. 화성시는 무려 8조 6,920억원을 들여 이곳에 2022년까지 신도시를 조성할 계획이다. 엄청난 규모의 신도시가 조성되어 세계 학술인구와 관광인구를 흡수한다는 점에서는 한편 반가운 일이지만 다른 한편으로는 마지막으로 "고요"에 귀 기울일 자연이 하나 사라지는 것이므로 마냥 기뻐할 수만은 없는 게 현실이다.

　곳곳에 남해안에서만 채취되는 것으로 알고 있던 함초들이 관목 숲처럼 다북이 자라고 있는 이 신비로운 곳이 익히 보아온 전형적인 관광도시의 풍광으로 머지않아 바뀔 전망이다.

[송산그린시티전망대]

우음도에 세워진 송탄그린시티 전망대는 마치 자연사 박물관에 두 발을 딛고 서 있는 티라노사우루스의 골격을 생각나게 한다. 그러나 송탄그린시티가 들어서면 웅장한 호텔과 시설물 때문에 전망대가 가려지지 않을까 우려스럽다. 뿐만 아니라 이 전망대를 남산전망대와 같은 높이와 형태로 개축하지 않는 한 후에 조성될 엄청난 부지의 땅을 지금처럼 조망하기는 어렵지 않을까 한다. 2022년이 오기 전에, 포크레인이 아름다운 갈대숲을 갈아엎기 전에 자연 그대로의 모습을 아직 간직하고 있는 우음도에는 반드시 한 번 쯤 가보아야 후회가 남지 않을 것이다.

1-2-2. 공룡의 도시에서 온천욕 즐기기

온양이나 백암 등이 온천의 대명사처럼 유명하지만 사실 화성은 온천의 도시이다. 바다를 낀 이 온천물에 녹아 있는 다양한 광물성분은 이곳이 단순한 휴양지로서뿐만 아니라 건강을 유지해 주는 특별한 기능성을 가진 관광지라는 것을 말해 준다. 특히나 이 온천은 가족탕에서부터 테마파크까지 갖추고 있어 온천만으로도 화성 여행은 즐거움을 준다. 서해안고속도로 발안 IC 부근의 장안면과 팔탄면 일대에는 율암, 월문, 발안, 하피랜드 등 저마다 특색 있는 온천 5-6곳이 포진해 있다. 가까운 거리에는 화성 융릉과 건릉, 용주사, 궁평항 등 연계 관광지도 많다.

1-2-2-1. 율암온천숯가마테마파크

율암온천숯가마테마파크는 화성에서 처음으로 공식 허가를 받은 온천이라고 한다. 이 온천은 지하 700m 암반에서 끌어올린 알칼리성 단순천으로 비누가 잘 풀리고 숯 연기를 액화한 목초액을 섞어 피부가 부드러워진다고 한다. 숯가마 찜질도 온도에 따라 할 수 있는데, 저온실, 고온실, 초고온실 등으로 나뉘어 있다. 다른 건물에 마련된 자리에서는 고구마도 구워 먹을 수 있다.

[홈페이지] www.yulam.co.kr/전화 031)354-7400]

1-2-2-2. 월문온천

발안 IC 부근에 있는 월문온천은 넓은 욕탕 안에 숯 사우나, 옥 사우나, 한방 안개 사우나가 마련되어 있고, 노천탕도 있다. 지하 700m 암반에서 솟아나는 알칼리성 물이 솟는 온천으로, 피부염과 신경통, 혈액순환 장애 등에 효과가 있다고 한다. 다른 온천들과는 달리 모텔 등의 숙박시설과 온천이 단지를 이루고 있어 가족여행지로서 추천할 만하다. 모든 숙박시설에서는 이 온천물을 사용하고 시간제로 가족탕도 대여한다.

[홈페이지: http://weolmoon.co.kr/031)226-5000]

1-2-2-3. 발안식염온천

공룡화석산지로 테마 여행을 온 사람이라면 반드시 가 보아야 하는 곳이 바로 이 발안식염온천이다. 이 온천은 염분이 섞인 식염천인데 지하 860m에서 용출되는 반도 심층수를 사용한다. 주변은 중생대 지층으로서 공룡의 잔해가 지각변동으로 지하에 갇힌 바닷물에 잠기면서 미네랄이 흘러나온 것으로 보인다. 여기에는 나트륨, 칼슘, 불소, 철 등 인체에 유익한 미네랄 16종의 성분이 함유되었고, 염분이 있음에도 불구하고 다른 염천처럼 끈적이지 않는다는 특징이 있다. 센물이니만치 비누 거품이 잘 일지 않는데 그래도 온천장 안에 있는 수도물 등으로 헹구지 말고 온천수를 그냥 말리는 것이 좋다. 로비에는 식염 온천수를 마실 수 있는 시설이 있고 또 받아 갈 수도 있다. 여름에는 노천탕도 사용 가능하다.

[홈페이지: www.baranspavis.com/ 031)351-9700]

1-2-2-4. 미라클워터월드

미러클워터월드는 식염천으로 온천수는 아니다. 그러나 오토캠핑장이 있어 특색 있는 여행을 즐길 수 있다는 사실이 가장 큰 장점이다. 오토캠핑장에서는 전기 사용이 가능하므로 요리기구와 전기담요 등을 챙겨오면 겨울에도 차에서 밤을 지낼 수 있다. 텐트촌 바로 옆에는 삼겹살과 멸치국수 등을 파는 식당이 있다. 캠핑장 이용객에게는 대중탕과 가족탕 이용료 등이 할인된다.

[홈페이지: www.miraclewaterworld.com / 031)353-1860]

1-2-2-5. 하피랜드

하피랜드에는 일반적 온천들이 갖추고 있는 대욕탕, 족욕탕, 찜질방, 참숯가마 등등의 시설 외에도 워터파크, 피트니스센터, 스크린 골프 등 다양한 레저 시설이 마련되어 있다. 허브 전문 매장과 식당, 편의점 등 편의시설이 잘 갖추어져 있을 뿐만 아니라 다른 온천이 저녁 9시 이전에 문을 닫는 반면 하피랜드는 온천관련 시설과 편의시설을 24시간 운영한다. 따라서 가족단위로 여행 왔을 때 머물기에 가장 좋은 곳이다.

[홈페이지: www.hapyland.co.kr /1577-5752]

1-2-3 화성에서 둘러보아야 할 곳
1-2-3-1. 융릉

화성시에는 멀지 않은 곳에 수원 화성이 있지만 그 수원화성을 세운 정조와 깊은 관계가 있는 유적지가 또 하나 있다. 바로 화성 융릉이 그것이다. 융릉은 경기도 화성시 태안면 안녕리에 있으며 사적 제206호로 지정되어 있다. 우리에게는 비운의 왕자로 알려진 사도세자의 능이며 자신의 아들이 영조의 사후 왕위를 계승함으로써 장조로 승격된 그 왕이 묻힌 곳이다. 한 나라의 고귀한 왕세자로 태어나 부귀영화를 누리기는커녕 부왕으로부터 인정받지 못하고 뒤주에 갇혀 살해당하는 형벌을 감내해야 했던 사람…. 지금 이곳에는 장조와 그의 비 경의왕후가 나란히 묻혀 있다.

경의왕후. 조선 규방문학의 대표적 작품,『한중록』의 저자이자 사극이나 고전 자료에서 자주 만날 수 있는 혜경궁홍씨가 바로 그녀이다. 나라 한 번 다스려보지 못하고 생을 마감한 추존 임금과 살아남아 더 서러웠던 추존 왕비의 삶을 돌아보며 다스려지지 않는 욕망들을 잠재워보는 시간을 가져보는 것도 값진 경험이 될 것이다.

1-2-3-2. 용주사

용주사는 경기도 화성시 용주로 136(송산동 188)에 위치한 대한불교 조계종 소속 사찰이다. 원래 이 자리에는 신라 문성왕 16(854)년에 세운 갈양사(葛陽寺)가 있었다고 한다. 그러나 고려 광종 때인 952년에 병란으로 소실되었다. 다음으로, 조선 제22대왕인 정조(正祖)가 뒤주세자로 불리는 장헌세자(莊獻世子)의 능, 현륭원(顯隆園)을 화산으로 옮긴 후, 부왕의 명복을 빌기 위해 고려시대에 불타 없어진 갈양사 자리에 1790년 능사(陵寺)로서 용주사를 세우게 된다. 이 사찰은 전국에서 8만 7천 냥의 시주를 거두어 4년에 걸친 대역사 끝에 완공되었다. 절의 건축을 총괄하여 맡은 보경(寶鏡)이 낙성식 전날 밤 용이 여의주를 물고 승천하는 꿈을 꾸었다고 한다. 그런 이유로 이 사찰을 용주사라 부르게 되었다고 전한다. 정조는 용주사가 창사(創寺) 되자 팔로도승원(八路都僧院)이라는 기관을 여기 두었고 보경에게는 도총섭(都總攝)의 칭호를 주어 이 절을 주재하고 전국의 사찰을 통제했다.

경내에는 이 절이 창건되기 전에 갈양사에 세워져 있었던 7층 석조사리탑과 6개의 돌기둥으로 지탱하고 있는 천보루(天保樓)가 아직도 남아있다. 천보루 안에는 대웅보전(大雄寶殿)과 석가삼존불(釋迦三尊佛)이 있다. 그 뒤를 병풍처럼 둘러싸고 있는 후불탱화(後佛幀畵)에는 석가와 보살들 그리고 부처의 10대 제자들이 그려져 있다 전하는 말로는 이 그림을 김홍도(金弘道)가 그렸다고 하나 확실한 근거는 없다. 이 외에 용주사에 보관된 유물로는 국보 제120호인 용주사 범종(梵鐘)이 있고 정조가 이 절을 창건할 때 부모님에 대한 효심으로, 보경을 시켜 제작한《불설부모은중경판(佛說父母恩重經板)》이 있다.

1-2-3-3. 궁평항

겨울 궁평항의 일출(그림: 초록인)

제부도의 궁평항은 낚시하기 좋고 아름답기로 유명한 곳이다. 91년부터 시작된 화용지구 간척사업으로 인해 화성군 우정면 주곡항과 남양면의 장덕항, 서신면 용두항이 폐쇄됨으로써 궁평항이 이들 기능을 대신하게 되었다. 소재지는 경기도 화성군 서신면 궁평리인데 이곳에는 선착장, 물량장, 방파제가 모두 갖추어진 시설이 들어설 예정이다. 궁평항은 정부에서 2001년 기본조사 및 실시계획을 수립하여 2004년 어촌정주어항으로 지정되었고 이어 2008년 12월 19일에는 국가어항으로 승격되었다.

현재는 현대적인 항구로 거듭나기 위한 기본설계 용역 중에 있다고 한다. 가까운 곳에 유명한 수산물직판장이 있고 방파제 끝에 설치된 전망대 데크에서 바다낚시도 즐길 수 있다. 이곳에서는 우럭과 농어뿐만 아니라 삼치도 잘 잡힌다고 한다. 궁평항은 특히 낙조가 아름다워 사진 애호가들이 즐겨 찾는 출사지이기도 하다. 이 외에도 화성시에는 선사 유적지가 가까운 전곡항, 낚시하기도 회를 먹기도 좋은 아름다운 제부도가 있다. 근처 대부도의 탄도항도 사람들이 즐겨 찾는 곳이다. 풍력발전기가 늘어선 모습이 이국적이다.

일제 강점기 일본군에 의해 한 마을 양민 학살사건이 일어난 제암리도 가까이 있다. 자연사를 돌아보는 공룡화석산지 탐방에 이어 근처 3·1운동 순국기념관에 들른다면 인류 역사상 의의 깊은 장소를 동시에 탐방한다는 혜택을 누릴 수 있다.

2. 과천에 공룡이 살았다?

화석 하나 발견되지 않은 과천에서 중생대에 공룡이 살았다고? 그렇다. 정확하게 말하자면 한반도 곳곳에서 공룡들은 살았다. 바닷가를 중심으로 공룡 발자국 화석과 화석이 발견되는 것은 그 곳이 중생대에 호수 및 늪지였기 때문이기도 하지만 바닷가이기 때문에 땅 위에 건물이 들어서거나 아스팔트 등이 뒤덮고 있지 않아 지표를 관찰할 수 있는 곳이기 때문이기도 하다. 거대 공룡 중 초식동물들은 지금 사슴이나 노루가 산에 살 듯 먹이가 될 식물이 자라는 곳에 넓게 분포했을 것으로 보이고 이들을 먹이로 하는 육식 수각류 공룡들은 당연히 그들을 따라와 같은 곳을 서식지로 삼았을 것이 틀림없다. 최근에 중국 요령성 근처에서 보온을 위한 깃털이 달린 티라노사우루스류의 공룡 화석이 발견됨으로써 공룡의 서식지 범위는 우리가 그동안 생각했던 것보다 훨씬 더 추운 지방으로 확장되고 있는 실정이다. 이들의 먹이가 되었던 초식공룡들이 수각류보다 훨씬 많은 수의 무리를 이루며 살고 있었음은 물론이다. 따라서 중생대에 우리가 딛고 있는 땅 위에서는 대부분 공룡이 살고 있었다고 보면 틀림없다. 따라서 공룡의 자취를 확인할 수 있도록 세계적 규모의 박물관이 지어져 있다면 우리,

중생대를 좇는 여행자들이 가지 못할 이유가 없다. 서울 지하철 4호선 대공원역이 가까워 접근성도 뛰어나다.

2-1. 국립과천과학관

국립과천과학관은 세계에서 거의 5위로 꼽힐 정도로 규모가 크고 시설이 잘 되어 있는 과학관이다. 우리나라에서는 최대 규모로, 지상 1층~지상 3층 규모이며, 천체관, 천체관측소, 옥외전시장, 생태학습장, 과학캠프장, 과학조각공원, 과학문화광장, 노천극장 등, 다양한 시설을 갖추고 있다. 770여 개의 전시물을 갖추고 있어 프랑스의 라빌레뜨, 독일의 도이체스과학관, 미국 보스턴과학박물관, 영국 국립과학박물관 등등만이 이 박물관에 필적할 정도이다. 무엇보다도 어린이들이 과학 원리를 재미있게 깨우칠 수 있는 실습 커리큘럼을 갖추고 있어 초.중학생 자녀를 가진 부모들은 학구적이고 단란한 가족여행을 계획해 볼 만하다.

2-1-1. 기초과학관과 첨단기술관 명예의 전당 등.

이곳에서는 카오스 수차, 파스칼의 삼각형, 사이클로이드 곡선, 퍼즐리그 등을 경험할 수 있다. 수학, 만유인력원리와 시공간의 의미를 알 수 있는 물리, 플라즈마의 세계 등을 설명한 화학, 태풍 체험실, 지진 체험실 등, 또 지구과학 등 과학 각 분야의 중요이론이나 현상 등도 간접 체험할 수 있다.

명예의 전당에서는 우리나라와 세계의 과학기술 발전사를 한 눈에 알 수 있도록 연표를 확인할 수 있다. 헌정자에 대한 상세한 정보와 함께 그들의 유물과 업적에 대한 자료도 있는 것은 물론이다. 때로는 원로 과학자와의 만남도 이루어진다. 이 외에도 해시계, 대동여지도 등, 전통과학을 한 눈에 조망할 수 있는 전통과학관, 우주에서 지구가 탄생한 약 46억 년 전의 빅뱅에서부터 한반도의 지질여행, 해당 시대의 생물, 인류의 진화를 보여주는 자연사관까지 다양한 학습거리가 넘친다.

2-1-2. 공룡을 만날 수 있는 자연사관

국립과천과학관은 중생대, 공룡만을 전시하고 홍보하기 위한 공간은 아니다. 상설전시장과 특별전시장, 옥외전시장, 생태체험학습장, 천문시설 등을 갖추어 과학 분야를 두루두루 체험할 수 있는 초현대식 시설이다. 상설전시장은 기초과학관·첨단기술관·연구 성과 전시관·어린이탐구체험관·명예의 전당·전통과학관 등이다. 공룡박물관이 아님에도 불구하고 정원에는 목긴 공룡과 수각류 등 각종 공룡 모형들이 관람객을 맞는다. 그 사이사이, 어린이들이 뛰어놀 수 있는 간단한 놀이 시설도 설치되어 있다. 우리의 관심은 공룡. 따라서 공룡을 만나기 위해서는 자연사관을 찾아야 한다. 자연사관은 2층에 자리하고 있다. 들어가는 입구에는 '고고학으로 가는 길'이라는 이름의 게임으로 아이들이 흥미를 가지고 이 분야를 미리 체험해 볼 수 있도록 배려하고 있다. 이곳에서는 곧 달려 나올 듯이 포효하며 움직이는 타르보사우루스나 뿔룡 등이 전시되어 있고 중생대 이외의 시대에 살았던 화석과 동물 모형들도 함께 전시되어 있다

2-1-3. 옥외전시관

옥외에는 우주항공·에너지·교통수송·역사의 광장·지질 동산·공룡동산 등의 테마 공원이 조성되어 있고 곤충 생태관, 생태공원을 갖추고 있다. 천체투영관에서는 대형 돔스크린에 밤하늘의 영상을 띄워 우주를 간접체험 할 수 있게 했고 거대한 천체망원경으로 우주를 관찰할 수 있는 천체관측소도 있다.

2-2. 과학관 주변의 둘러볼 곳
2-2-1 과천경마장

걸리버처럼 사람보다 말을 뛰어난 종족으로 경외하지는 않더라도 말을 좋아하는 사람이라면 그리 멀지 않은 곳에 있는 과천 경마장을 들러볼 필요가 있다. 사람은 태어나면 서울로 보내고 말은 태어나면 제주로 보내라는 속담이 있듯이 말은 우리가 주위에서 그리 쉽게 볼 수 있는 동물은 아니다. 육류를 섭취하기 위해 키운다거나 노동력을 이용하려고 키우는 것이 아닌 만큼 말은 한국에서도 귀족적인 분위기를 풍기는 동물이다. 유일하게 사람을 하인처럼 부리고, 트레이너, 전담 의사 등을 두고 호사를 누리는 동물이기도 하다. 이곳엔 한국 마사회(KRA)에서 운영하는 경마장이 있다. 운이 좋으면 기수들이 날렵한 말을 타고 달리는 모습을 관람할 수도 있다.

한국 마사회 홈페이지: http://www.kra.co.kr

2-2-2. 서울랜드

서울랜드는 서울 올림픽을 앞둔 1988년 5월에 개장했다. 국내 최초 테마파크로서 세계의 광장, 모험의 나라, 환상의 나라 및 삼천리 동산 등의 테마 구역으로 이루어져 있다. 매년 봄에는 튤립, 벚꽃, 국화 등 희귀하고도 다양한 꽃들을 관람할 수 있는 꽃 축제가 열린다. 이보다 다소 낙후된 시설이기는 하지만 1988년 이전에는 유일한 놀이시설로서의 희소가치를 톡톡히 누렸던 능동의 어린이대공원은 이후 서울랜드에 그동안 누렸던 혜택과 지위를 빼앗기며 동네 공원 수준으로 격하된 실정이다. 야간개장 시에는 꽃이나 경치를 즐길 수 없는 대신 화려한 불꽃놀이와 밤하늘을 수놓는 레이져 쇼가 볼거리를 제공한다.

서울랜드 홈페이지: http://www.seoulland.co.kr

2-2-3. 국립현대미술관

화석생물인 중생대 공룡을 테마로 여행할 정도의 수준 높은 여행객이라면 국립현대미술관에 들러볼 것을 강력 추천한다. 국립현대미술관은 한국 근·현대미술작품들과 해외의 우수한 미술작품을 소장, 전시하고 있는 국내 유일의 국립미술관이다. 어린이미술관을 포함하여 총 9개의 전시실을 보유하고 있고 각 전시실에서는 미술관 소장 작품 외에도 우리나라를 포함한 세계 유명 작가들의 작품전을 기획하여 상시 전시회를 열고 있다. 방학 기간에는 어린이를 위한 특별전시가 진행된다고 한다. 야외조각공원에서는 유명 작가들의 조각 작품이나 설치작품을 관람할 수 있다. 덤으로 가까운 청계산까지 배경 경치로서 즐길 수 있는 곳이다.

홈페이지: http://www.moca.go.kr

2-2-4. 서울대공원

서울대공원은 국제적인 명소로 이름을 날리는 곳이다. 서울대공원 내의 동물원은 세계 10대 동물원의 규모를 가지고 있다. 이곳에는 세계적 희귀종인 로랜드 고릴라를 비롯한 세계의 다양한 동물들이 있으며 해당 동물이 살았던 것과 비슷한 환경을 조성하려고 노력한 결과 인공동물원 중에서는 최대한 자연생태계에 가까워지려고 시도한, 몇 안 되는 동물원 중의 하나로 꼽힌다. 사파리와 유사한 체험학습도 열린다.

동물들만 볼 수 있는 것은 아니다. 이곳에서도 『장미원 축제』, 별자리를 확인할 수 있는『한여름 밤의 별밤축제』,『버스타고 즐기는 따뜻한 동물원으로의 겨울여행』등 다양한 이벤트가 마련되어 있다.

홈페이지: http://grandpark.seoul.go.kr

2-2-5. 한국카메라박물관

한국 카메라 박물관은 세계 5위에 들 정도로 규모가 큰 박물관이다. 여기에는 카메라와 관련된 전문자료들이 비치되어 있으나 개인이 운영하는 사립 박물관이다. 내부는 2개의 기획전시관과 주전시관, 부전시관으로 이루어져 있고 총

1,500여 점에 달하는 소장품이 있다. 박물관 측은 관람객들을 위해 세계적으로 희귀한 카메라 150여 점을 임대해 전시하고 있다. 액세서리·사진 및 유리건판, 약 150점에 달하는 필름, 카메라와 관련된 희귀 서적이 10종 가량 전시되어 있다. 전시된 카메라는 관람객들이 내부를 볼 수 있도록 배려하여 전시하고 있다.

홈페이지: http://www.kcpm.or.kr

Ⅱ. 공룡의 천국 남해안으로 가자.
1. 어디로 가야 한눈에 공룡화석을 볼까?

우리나라에서 최초로 공룡 화석이 발견된 곳은 고성 지방이다. 이전까지는 한국에서 화석, 그것도 공룡화석이 발견되리라고 기대한 사람은 거의 없었다. 1982년 경남 고성군 하이면 덕명리 바닷가 암반 위에서 이상한 발자국이 발견되었다. 단단한 암석인 바위 위에 마치 진창을 지나간 것처럼 깊이 찍힌 발자국을 보고 사람들은 깜짝 놀랐다. 이것이 무엇인가에 대한 조사가 이루어진 결과 무려 1천8백여 개의 공룡 발자국이라는 것이 밝혀졌다. 공룡의 무리가 줄지어 이

고성 공룡박물관(자료제공: 국립 고성 공룡 박물관)

동한 흔적이었던 것이다. 이들은 대개 이구아노돈의 것이었지만 주위에는 초식 용각류 공룡뿐만 아니라 크고 작은 수각류의 발자국들이 나란히 따라가고 있었다. 이들을 사냥하기 위해 따라다니던 육식공룡들의 발자국이었다. 이곳, 경남 고성군 하이면 덕명리(천연기념물 제411호)에서의 발견을 필두로 하여 경남 고성군 동해면 장좌리, 경남 마산시 합포구 진동면 고현리, 경남 거제군 일운면 와현리와 해금강 일대(외도), 경남 마산시 내서읍 호계리 산50-1, 경남 창녕군 유어면 우포늪, 경남 진주시 진성면 가진리(천연기념물 제395호), 경북 의성군 금성면 제오동(천연기념물 제373호), 울산시 울주군 언양읍 수구리 대동마을, 전남 해남군 황산면 우항리(천연기념물 제394호), 전남 화순군 북면일대, 전남 보성군 득량면 비봉리 해안 등지에서 잇따라 발자국이나 뼈 조각, 알 등이 발견됐다. 이들 화석부근에는 현재 자연사 박물관이나 크고 작은 전시 시설들이 세워져 있다. 규모로 보면 우항리 박물관이 국내 최대 규모이지만 고성은 공룡에 관련된 것만을 전시하는 국내 유일의 공룡전문 박물관이라는 데 의의가 있다.

1-1. 고성공룡박물관

고성지방은 미국, 아르헨티나에 이어 세계 3대 공룡발자국 화석지로 꼽히는 곳이다. 고성군에서는 이러한 입지적 특성을 살려 2004년 11월 상족암군립공원 내에, 고성공룡박물관을 건립했다. 상족암군립공원은 천연기념물 제 411호로 지정된 곳으로서 언덕 위에서 한려수도가 내려다보이는 곳에 위치해 있어 경관이 지극히 아름답다. 이런 아름다움을 배경으로 해마다 봄이 오면 이곳에서는 공룡축제가 열린다. 공룡의 고향답게 고성공룡박물관에 도착하면 제일 먼저 브라키오사우루스를 형상화 한 24미터에 달하는 공룡탑이 맞는다. 이곳은 고생물의 화석과 중생대 백악기 공룡발자국이 발견된 곳이다. 따라서 이 생물들이 살아있었던 시대를 재현하기 위해 중생대 백악기 공룡의 실물화석과 표본화석들이 전시되어 있다. 전시실에서는 발자국 화석을 단순히 진열한 것이 아니라 발자국 화석이 만들어지는 과정을 살펴볼 수 있도록 세심하게 배려해 놓았다. 이 과정을 통해 어린이나 학생들은 공룡의 생활상과 새의 진화과정, 중생대

고성공룡 박물관 중앙 홀(자료제공:고성공룡박물관)

의 자연환경 등을 마치 실제로 체험하는 것처럼 배울 수 있다. 오비랩터, 프로토케라톱스 진품 화석 및 아시아 공룡과 다양한 세계의 공룡들도 감상할 수 있다 {주소: 경상남도 고성군 하이면 덕명리 85[도로명 주소: 경상남도 고성군 하이면 자란만로 6]이며 전화는 055-832-9021}

양쪽으로 늘어선, 솟대를 닮은 구조물을 지나 정문으로 들어서면 1층 중앙홀에 거대한 철골 공룡들이 싸우는 모습을 마주할 수 있다.

1993년 우카이완 지층에서 발견된 육식공룡 모놀로포사우루스와 초식공룡 클라멜리사우루스가 한 쪽은 사냥을 하려하고 한 쪽은 생명을 지키려고 목숨 걸고 싸우는 장면을 상상하여 연출한 모형이라 한다. 방관자 혹은 싸움을 구경하는 얄미운 시누이처럼 안전한 하늘에서 익룡 한 마리가 이들의 혈투를 내려다보고 있다. 이곳에서는 용각류의 발자국 화석을 확인할 수 있다.

중앙 홀에서 복도를 따라 들어가면 제3, 제4, 제5, 세 개의 전시실과 마주하게 된다.

고성공룡박물관 제 3 전시실(자료제공: 고성공룡박물관)

제3전시실의 주제는 백악기공원이다. 이 전시실에서는 백악기에 살았던 공룡들의 모형도 주변을 당시를 복원한 그림이 파노라마를 이루며 둘러싸고 있다. 수각류인 드로마에오사우루스가 사냥하는 장면, 적을 물리치기 위해서라기보다 암컷에게 성적으로 과시하는 용도로 발달했다고 여겨지는 두꺼운 머리뼈를 가진 파키케팔로사우루스들이 박치기 대결을 하고 있다. 이 전시실은 백악기에 주역으로 살다 간 공룡들은 어떤 모습을 하고 있으며 어떤 생활상을 가지고 있었는지 감을 잡게 해 주는 기능을 하는 곳이다.

제4전시실에는 디노 랜드(DINO LAND)라는 이름이 붙어 있다. 여기서는 공룡을 보다 가까이, 생생하게 느낄 수 있도록 공룡의 소리를 듣고 모형을 만지며 그들의 존재를 체험하는 장이다. 각 종류의 공룡들의 몸 생김새는 어떤 기능을 했고 서로 다른 종의 크기와 특징 등을 한 눈에 파악할 수 있다.

제5전시실은 그들이 한 때 살았었다는 것을 알려주어 오늘날, 모형으로라도 되살아나게 해 준 일등공신인 시대별 화석이 있다. 공룡 박물관이지만 공룡이 있기까지 생명의 씨앗서부터 진화한 과정까지의 모든 것을 보여주는 통시태적인 전시관이다. 여기에서는 선캄브리아대, 고생대, 중생대, 신생대로 나누어진 각각의 시대를 구분가능하게 하는 표준 화석을 통해 지구는 어떻게 누구와 더불어 변화해 왔는가를 알 수 있다.

2층에는 제1 전시실, 제 2 전시실 두 군데가 있다.

제 1 전시실에는 공룡의 수도라는 이름이 붙어 있다. 공룡의 수도답게 한국에서 발견된 공룡과 같은 종들뿐만 아니라 거의 모든 종류, 거의 전세계의 중생대 공룡들이 모형으로 만들어져 있다. 모형들도 상당히 정교한 편이다.

제 2 전시실에는 고성의 공룡발자국 화석이 있다. 아래쪽에는 화석이 만들어지는 과정을 설명한 진열창이 있고 이와 직각 방향의 벽에는 발자국을 자료로 복원한 당시의 상상도와 발견당시 주변 환경, 발견된 바위 등이 그대로 화면에

떠 있다. 전시실 출구 쪽 벽에 장식된 화면에는 양치류·소철류와 함께 현화식물(꽃이 피는 식물)들을 상상해 그린 그림이 눈에 띈다. 한 때 이 쌍떡잎식물 내지는 현화 식물에 알칼로이드성 독성이 있어 공룡이 중독되어 죽었다는 다소 황당한 이론도 주장되었었다.

3층에는 전망대가 있다. 여기에는 뿔룡, 수각류, 또 공룡의 후손 내지는 새로운 종과 관련이 있는 시조새 등의 설명과 모형, 중생대 표준화석인 암모나이트 등이 전시되어 있다.

1-2 고성공룡박물관 주변의 둘러볼 곳.

도내에는 진주와 김해 두 곳에 국립박물관이 있고 이런저런 주제의 공립박물관도 20곳이나 된다.

1-2-1. 진주산림박물관

산림에도 역사가 있다. 한반도가 지난 한 세기 동안 온대에서 아열대화가 가속화 된 것과 마찬가지로 기후변화 등 주변 환경은 산림도 변화시킨다. 이런 산림의 변화의 역사를 기록하는 박물관이 있다. 바로 진주시 이반성면 경남도 수목원 내에 있는 진주 산림박물관(☎ 055-254-3822)이다. 이 박물관은 남부지방 산림의 역사적 변천과정과 산림 사료의 영구 보존 전시를 위해 설립된 곳이라고 한다. 경기도 광릉 산림박물관에 있던 표본들 중 일부가 이곳으로 옮겨져 전시되고 있다. 광릉과 성격이 비슷하지만 남부 지역의 특색을 보여주는 남부의 수종이 주를 이루는데 특히 대나무의 생장과 특성을 중점으로 다루고 있다. 자연표본실, 생태체험실, 산림체험학습실, 화석전시실 총 4개의 테마전시실이 있고 여기에는 모두 2400여 점의 자료가 전시돼 있다.

제 1 전시실의 테마는 '산림의 기원과 분포'이다. 한국 임업사, 한국과 세계의 산림대, 온·난·한대림 표본 등을 알 수 있도록 꾸며졌다. 제 2 전시실의 테마는 '산림의 생태와 자원'이다. 여기에는 주테마뿐만이 아니라 산림과 토양, 식물의 광합성 과정, 한국산림 전반에 대한 전체적인 설명을 곁들였다. 제 3전시실의 테마는 '산림의 혜택과 이용', 제 4 전시실은 '산림의 훼손과 보존'이며 이에 관련된 각종 자료들이 비치되어 있다.

자연표본실에는 각종 겉씨식물과 속씨식물의 표본뿐만 아니라 다양한 암석, 야생화들을 실물이나 모형으로 관찰할 수 있도록 꾸몄다.

생태체험실은 이 수종이 이룬 '숲속의 밤'을 직접 체험하는 곳이다. 수리부엉이, 다람쥐, 곰, 여우 등이 숲 속 여기저기에 숨어 관람객들을 맞는다. 산림체험학습실에서는 목각퍼즐 놀이를 할 수 있고 한옥의 구조와 식물의 나이테에 관해 학습할 수 있다.

화석전시실에는 선캄브리아대, 고생대, 중생대, 신생대 등 각 시대를 대표하는 화석을 통해 당시의 생태환경을 이해할 수 있다.

1-2-2. 산청한의학박물관

산청의학박물관(☎ 055-970-6461)은 2007년 지방자치단체 중 최초로 문을 연 한의학전문 박물관이며 여기에는 1814년에 발간된 '갑술내의원교정완영중간본' 동의보감, 조선전기판 '향약집성방', 산청의 명의 유의태의 '마진편'을 비롯한 총 1800여 점의 유물이 전시돼 있다. 지상 1층은 전통의학실, 2층은 약초전시실로 꾸며졌으며, 7개의 공간이 각기 다른 주제로 전시되고 있다.

전통의학실 내 제 1 공간은 한의학의 역사와 우수성을 보여주는 자료들, 한의학 관련 고서 및 유물로 채워져 있다. 제2공간에는 전통 한의원이 재현되어 있다. 여기에는 한의원에서 사용하던 민속품을 전시함과 동시에 한의학의 종합의학으로서의 특장을 강조했고 외과수술 등이 없이도 각 기관의 상호연관작용을 이용해 몸 전체의 회복을 꾀하는 한의학을 미래 의학으로서 조명한다.

제3공간은 한방체험실이다. 관람객들은 이곳에서 직접 자신의 건강을 점검하고 진료해 볼 수 있다. 관람객이 의원복 혹은 의녀복을 입고 기념촬영을 하는 것도 가능하다. 약초전시실은 효자 갑동이 이야기, 체질별 유익한 약재를 소개하는 코너 등 4개의 공간으로 구성된다. 입체영상실에서는 허준에 관한 가상 스토리를 동영상으로 상영한다.

1-2-3. 의령의병박물관

의령의병박물관(☎ 055-570-2347)은 임진왜란 당시 홍의장군 곽재우 등 의병들의 활약상을 엿볼 수 있는 공간이며 의병전시실, 고고역사실, 특별전시실, 영상실 등으로 구성되어 있다. 특히 의령지역의 의병대장이었던 곽재우 부대의 활약상을 집중 조명하고 있다. 또한 보물 671호인 곽재우 장군의 유물을 비롯해 각 의병장들의 유물, 임진왜란 당시 조선과 왜군이 사용했던 무기, 갑옷 등이 전시돼 있다.

고고역사실에는 선사시대, 초기 철기시대, 가야, 통일신라, 고려, 조선, 근·현대 등 의령지역의 각 시대별 유적과 유물들이 전시돼 있다. 대의면 마쌍리 신석기 유적에서 출토된 파수부호와 청동기 유적에서 출토된 암각화, 마제석검 등 선사시대 유물과 가례면 운암리 유적에서 출토된 원형점토대토기, 조합우각형파수부호 등 초기 철기시대 유물, 또한, 정곡면 예둔리, 용덕면 운곡리 출토 유물 등 다양한 가야시대의 금속유물과 토기류들이 전시돼 있다. 평면적 전시뿐만 아니라 묘제를 복원해 이 유물들이 어떻게 실제 무덤에서 적용되는지 직접 확인할 수 있도록 운곡리 1호분과 경산리 1호분을 복원해 놓았다.

1-2-4. 그 외 둘러볼 가치가 있는 곳

* 진주청동기문화박물관(☎ 055-749-2518.)

이 곳은 현재 남강댐을 건설하면서 수몰된 지역인 진주 대평면 및 그 주위의 모습과 유물들을 담기 위해 설립된 박물관이다. 지금으로부터 약 3500년 전 청동기 시대의 흔적을 엿볼 수 있는 밭터와 집터, 움집, 다락창고, 무덤 등 유적과 이곳에서 발굴된 유물 1만2000여 점이 전시중이다.

* 거제조선해양문화관(☎ 055-639-8273.)

우리나라 어촌의 민속, 조선해양과 관련된 테마, 즉 '선박역사', '조선기술', '해양미래' 의 세 가지 테마에 140종 248점의 전시물로 꾸며졌다. 이들 전시물들은 어촌의 전통생활문화, 바다 생물, 선박기술 등 해양의 역사와 미래를 한 눈에 조망할 수 있도록 해 준다. 여기 그치지 않고 갑각류와 패류, 특이한 형태와 색을 가진 세계 희귀 패류 등도 선보이고 있다. 상어관에는 지난 2009년 학동몽돌해수욕장에 출현했던 홍살귀상어가 전시되어 있다. 조선해양전시관의 '선박역사' 코너에는 우리의 전통 배 한선의 제작과정을 모형으로 재현했다. '

*고성탈박물관(☎ 055-672-8829.)

고성은 고성오광대의 본고장으로서 오광대에 쓰이던 탈을 만들던 전통으로 인해 탈문화가 발달해 온 곳이다. 탈은 오광대놀이뿐만 아니라 여러 가지 용도로 쓰였는데 액막이용으로 쓰인 탈 등 다양한 탈을 여기서 만날 수 있다. 한국탈 700여 점 외에도 외국탈 200점 정도가 전시되어 있다. 아마도 한반도에서 가장 오래된 탈이라면 부산 동삼동 패총에서 발굴된 신석기시대 조개껍데기 가면일 것이다. 이 최초의 가면에서부터 '고수래'를 형상화한 탈, 잡귀를 물리치는 처용탈, 장례 행렬 때 등장했던 방상시탈, 사당에 걸어뒀던 청계씨탈 등을 접할 수 있다. 특별전시실에서는 테마전시가 연중 진행되고, 탈만들기 체험프로그램도 진행되고 있다.

고성오광대는 경남 고성군 고성읍에 전승되는 문화재로서 무형문화재 제 7호로 지정되었다. 다른 지방의 탈, 마산, 진주 등지의 오광대탈처럼 선이 굵고 질박하다. 재질은 닥종이를 풀에 이겨서 만든 종이탈인데 1964년 이후에는 오동나무를 파서 채색한 나무탈도 생산되고 있다.

[고성오광대 탈]

1-3. 우항리 공룡박물관

우리나라에도 자연사박물관은 여러 군데에 있다. 그리고 자연사박물관에는 공룡 모형이라든가 화석 한두 개, 복원한 공룡 골격 몇 개쯤은 있기 마련이다. 그러나 고성공룡박물관의 경우, 중생대, 그 중에서도 공룡에 특화되어 있는, 중

우항리공룡박물관(그림 및 디자인: 초록인)

생대를 여행하려는 여행객에게는 필수적으로 방문해야 하는 핵심코스이다. 그런데 그에 못지않게 중요한 박물관이 있다. 바로 우항리 공룡박물관이다.

우항리가 어디인가? 우리나라에서 익룡의 발자국, 조류의 발자국과 함께 엄청난 수의 공룡발자국이 발견된 곳이다. 공룡과 익룡, 새발자국 화석이 한 층준에서 발견된 것은 해남 우항리 공룡화석지가 유일하다. 이곳은 현재 천연기념물 제394호(해남 우항리 공룡·익룡·새발자국화석산지)로 지정되어 있다. 우항리 공룡박물관은 자연사교육장뿐만 아니라 관광지로도 유용하게 활용되는 공룡전문박물관으로 전라남도 해남군 황산면 우항리 191번지에 세워졌다. 정부에서 약 460억 원을 투자해 설립한 곳으로 2000년 6월 국립문화재연구소로부터 박물관 조성 승인을 받은 후 7년 여 후인 2007년 4월 27일 개관했다. 공룡관계 문화재가 거의 없던 상황에서 한꺼번에 발견된 자원이라 국가에서 얼마나 공을 들여 설립했는지 알 수 있다.

우항리공룡박물관은 지하 1층·지상 2층 규모의 전시실에 그동안 우리나라에서 발굴된 자료 및 세계에서 수집한 자료들로 꾸며져 있다. 1층에는 우항리실과 영상실이 있는데 여기에는 우항리 공룡발자국 화석의 발굴과정과 발굴된 발자국의 주인공들에 대한 설명. 우항리 발자국이 생성된 백악기(약 8,300만~8,500만 년 전)의 생태환경 등에 대한 자료들을 확인할 수 있고 대형초식공룡 발자국층, 흔적화석, 익룡 등 다양한 공룡들의 다리 골격과 발자국형태 등을 볼 수 있다. 지하 1층에는 공룡과학실(공룡에 관한 기초지식 코너)·공룡실(시대를 대표하는 각 공룡 골격 전시)·중생대재현실(백악기에 번성했던 공룡 골격 전시)·해양파충류실(중생대의 바다생물 골격 전시)·익룡실(익룡의 초기와 후기 골격 비교전시)·새의 출현실(공룡에서 새로 진화하는 과정 소개)·거대공룡실(거대공룡인 조바리아 전시)·지구과학실(해남군을 비롯한 한반도의 지층 및 암석 전시)이 있다. 알로사우루스 진품화석, 조바리아·초식공룡 알둥지 등 희귀 전시물과 트리케라톱스·티라노사우루스 렉스·아르케옵테릭스(시조새)·말라위사우루스 등의 골격과 표본 등이 전시되어 있다.

우리 귀에 익숙지 않은 조바리아(Jobaria)는 아프리카 전설 속의 엄청난 크기의 괴물 조바르에서 따 온 이름이다. 백악기 후기. 아프리카 니제르에서 발견된 4족 보행, 용반류, 용각아목, 조바리아과에 속하는 공룡으로서 길이는 약 20-22미터, 체중은 18t에서 20t 가까이 되었을 것으로 추정된다. 1999년 학계에 보고되었는데, 머리는 작고 숟가락처럼 생긴 이빨을 가졌다. 목은 두껍고 짧은 편이며 네 개의 다리는 다른 용각류와 달리 모두 같은 길이이며 꼬리는 가늘고 길다. 포유류의 모습을 연상시킨다.

우항리 공룡박물관에는 옥외에도 익룡조류관·조각류공룡관·대형공룡관의 전시관이 있다. 여느 공립기관과 마찬가지로 오전 9시~오후 6시까지 개방된다. 여행하기 딱 좋은 날씨의 3~10월 사이 토·일·공휴일에는 1시간 연장 운영하는데, 어린이들이 방학을 하는 7월, 8월에는 월요일에도 개관하는 것이 보통이다. 하지만 방학시즌이나 어린이날, 자체 내 행사가 있을 때를 빼면 매주 월요일과 1월 1일에는 휴관하니 이 날을 피해 방문일정을 짜야 한다.

Ⅲ. 공룡의 후손, 설화 속의 용을 찾아

설화는 알고 있다. 지구라는 별에서 생물이 어떻게 진화해 왔는지를. 수장룡의 외모를 가진 네스 호의 괴물, 백두산 천지연못의 괴물 등 지금도 설화는 계속 진화하는 중이다. 현대에 창조된 설화, 예를 들면 백두산에서 네시를 닮은 괴물이 헤엄치는 것을 보았다는 등의 목격담은 관광산업이라는 걸림돌이 있어 신뢰할만한 것이 못된다. 하지만 그런 이익과 무관한 옛사람들로부터 이어 내려온 설화에는 문화인류학, 과학, 정치, 경제, 종교 등등, 많은 분야에 속하는 내용이 포함되어 있고 놀라울 정도로 현대과학과 맞아떨어지고 있다. '계문강목과 속종'이라는 외계어 같은 단어를 모르던 선사시대 사람들은 입에서 입을 통해 용과 거북, 조류가 밀접한 관계에 있다는 사실을 후손들에게 알렸다. 최근, 척추고생물학과 고고학의 발달은 조류가 수각류, 즉 몸집이 작은 육식공룡의 한 종류에서 진화되었다는 학설을 정설로 인정받게 했다. 그런데 수각류보다는 조류와 더 공통점이 많은 깃털공룡 스칸소리옵테릭스는 이들 수각류와는 상당히 달랐으며 원래부터 조류는 공룡과는 다른 종류였다는 주장이 최근에 제기되었다. 스칸소리옵테릭스는 2002년 몽골에서 발견된 참새 크기의 생물로 초소형 수각류 공룡으로 분류됐다. 그러나 당시 노스캐롤라이나 대학의 화석 조류 전문가인 앨런 페두시아(Alan Feduccia)와 협력하여, 스칸소리옵테릭스(Scansoriopteryx)에 대한 고급 3-D 미세 고해상도 사진을 얻어 분석 및 조사연구를 진행했던 체르카스는 2002년, 유레카얼러트(Eurekalert)지의 과학 뉴스에서 이렇게 말했다.

"스칸소리옵테릭스를 비공룡 조류(a non-dinosaurian bird)로서 확인한 것은 공룡과 새 사이의 관계에 대한 이해를 재평가할 수 있게 해준다. 과학자들은 마침내 공룡을 조류로부터 분리시키는 열쇠를 가지게 되었다."

이는 스칸소리옵테릭스가 새의 조상이 된 새로운 하나의 분류로서 조룡류라는 뜻이다. 그가 종전의 주장을 이렇게 번복했다는 사실은 창조론자들에게 진화론자들이 진화를 부인한다는 빌미를 주게 된다. 최근 창조론자들의 주장을 근거로 기사를 쓰는 창조과학회 뉴스인 ICR(Institute for Creation Research) 뉴스는 기다렸다는 듯, 그가 자신의 주장을 번복했다고 발표했다. 하지만 화석으로 모든 것을 판단해야 하는 우리로서는 섣부른 부정도 긍정도 하기 애매한

강서대묘 사신도 중 현무도

입장이다. 조류와 완전히 일치된 것처럼 보이는 이 작은 생물도 결국 깃털달린 수각류처럼 날지 못했던 것은 매일반이다. 단지 이들은 기존의 수각류와는 큰 차이가 있었는데, 깃털이 달렸다는 사실뿐만이 아니라(최근에 털이 달린 공룡의 발견은 점점 잦아지고 있다.) 발가락 세 개 중 세번째 발가락이 마치 새 날개를 지지하는 뼈처럼 비정상적으로 길다는 사실이었다. 이들은 깃털이 달린 앞발의 날카로운 발톱을 이용해서 나무에 올랐던 것으로 보인다.

여기서 우리의 목적은 창조론자와 진화론자의 논쟁을 지켜보고 누가 옳은지 판단하는 것이 아니고, 조류와 공룡은 부인할 수 없을 정도로 계통상 연관성이 있다는 사실이 밝혀졌다는 것이다. 이제 이렇게 서두를 시작한 이유를 알릴 때가 되었다. 필자가 이 사실을 통해 알리고자 했던 것은 우리가 용과 대등하게 신성한 동물로 여기는 봉황이 공룡, 즉 파충류인 용과 혈연관계에 있다는 점이다.

동이계의 설화를 종합하면 용에게는 아홉이나 되는 아들이 있다. 전해오는 서적에 따라 종류는 약간 다르지만 대부분은 대동소이하다. 고구려 강서대묘에 그려져 있던 사신도 중 북방수호신인 현무도는 마치 새처럼 목이 긴 거북이 뱀과 마주보고 이야기를 나누는 듯한 그림이고 남방 수호신인 주작은 스칸소리옵테릭스의 복원도 같은 느낌을 준다. 종전의 역사 교과서에서는 현무도에 대해 뱀과 거북이 얽혀 싸우는 모습을 표현했다고 설명하고 있다. 그러나 필자는 그 해석이 반드시 옳지는 않다고 생각한다. 표정, 자세, 어느 시각으로 보나 둘은 싸운다기보다 마주보고 이야기를 나누고 있는 것처럼 보이기 때문이다. 게다가 둘은 마치 계통도 상, 척색동물문에서 갈라진 같은 층위의 강(綱)을 이루는 것처럼 나란히 선으로 얽혀있다. 놀랍지 않은가? 우리 조상들이 현무도나 주작도를 통해 알리고 싶었던 것은 거북과 뱀과 조류가 다 한 계통인 파충강에서 파생되었다는 고생물학적 진리가 아니었을까. 동양에서는 신의 상징이요 서양에서는 악마의 상징인 "우로보로스" 또한 제 꼬리를 입으로 물어 영원히 순환하는 형태를 이룸으로써 세상이 하나로 수렴하는 진리를 보여주려 했던 듯하다. 이 모든 공통점이 우연의 결과라고 할 수 있을까.

[우로보로스]

  이런 의문을 제기하는 이유는 이 책의 독자들에게 결론을 내릴 것을 촉구하기 위함이 아니며 필자와 함께 중생대를 여행하는 기간 동안 이 문제를 명상의 화두로 삼으면 어떨까 권유하고 싶었던 까닭이다. 이제부터 어렸을 때 동네 할머니나 할아버지, 혹은 부모님으로부터 들어온 용과 그 자식들의 이야기를 통해 공룡이 정말 중생대에 완전멸종된 것이 사실인가 생각해 보았으면 한다.

  1. 인간 세상에 스며든 용의 혈통을 찾아서 – 호승지의 분류

  우리는 매일 하늘에서 공룡의 후손인 새들을 보고 그들에 대한 이야기를 공룡목격담의 변주곡인 옛이야기 형식으로 듣는다. 그렇게 들어온 이야기는 어느새 우리 생활 속에 하나의 양식으로 자리 잡는다. 우리가 매일 여닫는 문에, 문화유적지에서 본 범종 위에, 그들의 자취가 내려앉아 지켜보고 있다는 사실을

알면 아마 놀랄 것이다. 공룡은 화석만이 아니라 친근한 존재로서 우리 가까이 있어왔지만 우리가 알지 못했을 뿐이다. 숲에서 지지배배 거리는 귀여운 새가 가공할 멸종동물로 알려졌던 공룡의 후예라는 것을 우리 중 몇이나 의식하고 있을까.

용의 아들에 대한 기록을 남긴 책들 중 가장 잘 알려진 것이 명나라 때 호승지가 지은 「진주선(眞珠船)」이다. 이 책에 의하면 용은 비희(贔屓), 이문(螭吻), 포뢰(浦牢), 폐안(狴犴), 도철(饕餮), 공하(蚣蝦), 애자(睚眦), 산예(狻猊), 초도(椒圖)라고 불리는 아홉 명의 아들을 두었다. 이들을 순서대로 하나하나 만나보기로 한다.

1-1. 용의 맏아들 비희(贔屓)

[비석을 떠받치고 있는 용의 첫째 아들 비희]

왕릉이나 대가의 무덤에는 비석이나 이런저런 조각 혹은 부조물들이 사자(死者)를 지키기 마련이다. 이 중 무덤 앞의 비석에는 그 아래서 육중한 비석 기둥을 떠메고 있는 받침돌이 있다. 그것을 자세히 들여다보면 고개를 든 거북 닮은 상상의 동물과 눈이 마주칠 것이다. 이 동물은 용의 맏아들인 비희로서, 비희란 '힘쓸 비(贔)' 자와 '힘들일 희(屓)'자의 조합이다. 그는 엄청난 장사이다. 그래서

힘자랑을 하느라 늘 이렇게 무거운 것을 들기를 즐긴다. 패하(覇下)라고 기록된 책도 있다.

사람들은 이들이 받치는 한 아무리 무거운 것이라도 무너질 염려가 없다고 생각하여 무거운 비석 밑에 비희를 새기게 되었다.

1-2. 둘째 아들 이문(螭吻)

용의 둘째아들 이문

이 녀석은 높은 곳에서 먼 데를 지그시 내려다보기를 좋아한다. 고궁이나 절에 갔을 때 지붕을 잘 관찰해 보면 녀석들의 얼굴을 볼 수 있다. 양쪽 지붕 끝에 용꼬리처럼 날렵하게 치켜 올라간 부분이 있는데, 이것이 용의 아들인 이문의 꼬리이다. 이 부분을 때로는 치미(鴟尾)라고도 부르는데 이는 솔개의 꼬리라는 뜻이라고 한다. 백제 영향권에 있는 건물에서는 잉어꼬리라고 여겨지는 치미들도 보이는데 이것이 잉어라는 사실은 1583년 도요토미 히데요시가 축성했다는 오사카성에 새겨진 선명한 잉어의 몸통을 보면 짐작할 수 있다. 오사카성은 전화로 소실되었다가 1931년에 재건된다. 한국설화나 일본설화에서 잉어는 용왕의 아들로 나오는 예가 흔한데, 잉어꼬리를 가진 치미 역시 이문의 꼬리가 변형된 한 형태가 아닐까 한다.

옛 한옥은 잘 말린 나무로 만들어져 있다. 여기에 작은 불씨라도 닿으면 순식간에 활활 타오른다. 한옥이 가장 두려워하는 것은 바로 불이다. 하지만 사방팔방이 탁 트인, 시야가 넓게 확보된 지붕 위에 천둥과 벼락, 비를 부르는 용이 앉아 있다면 염려 없을 것이다. 옛사람들은 용의 아들인 이문이 물을 불러와 불을 바로 끌 수 있다고 믿었다. 혹은 그러기를 강렬하게 바라왔다. 이런 바람은 사람들에게 지붕 꼭대기에 용의 아들을 앉히게 했다.

1-3. 용의 셋째 아들 포뢰(浦牢)

용의 셋째 아들 포뢰(용뉴)

종로에 나갈 일이 있다면 보신각종의 위쪽을 관찰해 보기 바란다. 종 위에 용 형상의 동물 한 마리가 혼자서 오두마니 앉아 있는 모습과 눈이 마주칠 것이다. 이 동물이 바로 포뢰이다.

녀석은 아주 겁쟁이라 잘 운다. 그것도 엄청난 소리를 지르면서 운다. 종 위쪽에는 종을 매다는 고리가 있는데 자세히 보면 이 또한 또아리를 튼 용 모양으로 되어 있다. 이 부분을 '용뉴(龍紐)'라고 부르는데 여기 얽혀 있는 용도 포뢰이다.

포뢰는 고래를 무서워했다고 한다. 포뢰는 고래가 다가오기만 하면 놀라 큰 소리를 질렀기 때문에 보다 큰 소리를 내기 위해 종을 치는 막대기인 당목(撞木)을 고래 모양 혹은 고래뼈로 만들었다. 고래가 다가오면 포뢰가 무서워서 더 크게 소리를 지를 것이라고 생각했기 때문이다. 문화재 하나마다 이렇게 재미있는 이야기가 숨어 있다. 그것도 중생대에 멸종된 공룡의 후손에 얽힌 이야기가.

1-4. 용의 넷째 아들 폐안(狴犴)

폐안은 시시비비를 따지고 논쟁하는 것을 즐겼다고 한다. 따라서 백성들의 억울한 사연을 듣고 공정하게 해결해야 하는 관아에는 이 폐안을 호위하는 형상으로 조각해 문 양쪽을 장식했다.

폐안 조각상

이들 폐안의 조각이 백성들을 공정하게 판결해서 구하는 역할을 강화하는 주술적 힘만을 빌려주었던 것은 아니다. 감옥은 대부분의 선량한 백성을 지키기 위해서 흉악범들을 사회와 격리시키는 기능을 하는데 어찌 보면 공포의 대상이지만 어찌 보면 서민을 구하는 기관이라고 볼 수 있다. 폐안은 감옥을 굳게 지키는 역할까지 맡았다. 폐안이라는 말을 풀어보면 '감옥 폐(狴)' 자에 오랑캐 땅에 사는 들개, 혹은 들개를 뜻하는 안(犴) 자를 쓴다. 뜻을 풀어보자. 옛 한자문화권 나라들이 한자를 사용해 단어를 만드는 방식 중에 같은 뜻이지만 생김새는 서로 다른 글자의 명사를 나란히 놓는 관행이 있었다. 이것은 그 글자의 뜻을 두 배로 강조할 경우 쓰는 방식이다. 우리가 가장 아름다운 꽃을 "꽃중의 꽃"이라고 부르듯이 폐(狴)자와 안(犴)자를 겹쳐 씀으로써 감옥 중의 감옥, 일단 격리되면 영원히 빠져나오기 힘든 응징의 장소를 뜻하게 한 것이다. 또 앞자가 뒷자를 수식하는 관형어로 쓰일 때도 있다. 만일 이렇게 해석한다면 '감옥을 지키는 들개'라는 뜻이니 이들은 수호자로서 관아에 없어서는 안 될 존재였던 것이다. 자신의 이름에 꼭 맞는 역할을 맡은 셈이다. 옛 관아의 문 앞에는 이런 늠름한 신수가 앉아 귀신뿐만 아니라 권위에 걸맞지 않은 자들을 가려내기도 했다.

1-5. 용의 다섯째 아들 도철

도철은 먹고 마시는 것을 좋아하는 상상의 동물이다. 녀석이 솥 위에 붙어 있는 한 솥에는 먹을 것이 마를 날이 없다. 우리 설화 중 지상낙원을 꿈꾸는 이어

[은나라도철기룡문격정-제기]

도철문 반원막새

도 설화에는 비우면 다시 차오르는 밥그릇이 나온다. 이처럼 신적인 동물인 용의 아들 도철의 기운을 빌어 늘 밥솥이 가득 차기를 비는 마음은 급기야 도철을 솥 위에 모시기에 이른다.

도철은 현재 중국 땅에 내려오는 설화 중에서 사흉(四凶)으로 불리는 네 마리의 괴물 중 하나이다. 중국서남쪽을 활동반경으로 삼는 신수이다. 인간의 머리에 뿔이 있으며, 양을 닮은 몸에는 털이 자라있고 검호처럼 날카로운 송곳니가 있다. 고대의 제왕인 진운씨(縉雲氏)의 자손으로 영웅 순(舜)의 손에 의해 서쪽으로 추방되었다고도 한다.[17]

도철은 막새기와나 능(무덤)의 무인석 얼굴에도 새긴다. 삿된 기운을 물리치려는 곳이라면 어디서나 반기는 문양이라고 할 수 있다.

여기서 잠깐 도철의 생김새에 주목할 필요가 있다. 도철과 비슷한 형상은 프리메이슨의 상징 안에도 암몬이라는 이름으로 들어있다. 고대 이집트의 신이었던 양의 얼굴을 한 암몬과 오버랩 될 정도로 닮았다. 기독교의 아멘이라는 말도 이 이름에서 유래했다는 설이 있는데, 어쨌든 이들의 존재가 전승하는 지방도 비슷하다. 중국의 서남쪽은 결국 이집트의 동방이 되기 때문이다. 우리민족이 밥솥에 도철을 새겨 넣었던 지혜도 은허에서 발견된 제기에 도철문양을 새기던 관습과 무관하다고 볼 수 없다. 단순한 벽사의 의미만은 아니었던 것이다.

이북지방에서 전해 내려오는 창세가라는 서사무가가 있다. 창세가의 마지막에는 이런 대목이 나온다.

"지금 인간들이 삼사월이 당진(當進)하면, 상향미(上饗米) 녹음(綠陰)에 꽃전놀이 화전(花煎)놀이."

여기서 "녹음(綠陰)에"라는 말이 무엇을 뜻하느냐에 대해 구비문학자들 사

---

17) [네이버 지식백과] 도철 [饕餮] (환상동물사전, 2001.7.10, 도서출판 들녘)

이에 이런저런 해석이 있었지만 그 중 가장 설득력 있는 해석을 소개하자면 다음과 같다. "녹음에"를 발음 나는 대로 읽으면 "노그메", 입술을 좀 크게 움직여 발음하자면 "노구메"로도 들린다. 이것이 서사무가의 한 대목이라는 사실을 주목해야 할 듯하다. 무당들이 신어미로부터 구전으로 전수받아 다시 자신의 신딸에게 외워 전수하는 것이 바로 서사무가이다. 이것을 기록하려면 한자로 비슷한 음을 썼을 것이고 따라서 "노구메"를 "녹음에"로 표기했으리라 본 것이다. 그런데 "노구메"란, 제사를 위해 놋으로 된 다리 셋 달린 제기용 솥에 지은 밥이라고 한다. 이것은 두 가지 중요한 사실을 추정하게 한다. 하나는 놋으로 만든 제기에 밥을 지어 신적인 대상에게 바쳤다는 사실이고 또 하나는 제기가 향을 피우거나 제사의 의식에만 쓰인 것이 아니라 밥을 짓는데도 쓰였으므로 은시대의 그 제기 역시 같은 구실을 했을 것이라는 사실이다. 우리의 관심인 도철이 벽사의 의미뿐만 아니라 그 밥이 마르지 않도록 풍부하게 늘 채워지게 해 달라는 바람을 주술적으로 이루기 위해 그려졌다고 볼 수 있다. 한국민족의 제기에도 다리가 셋 달려있고 전통적으로 도철문양을 새긴다. 한국인의 시조신, 단군을 기리는 참성단으로 가는 길목에 있는 신성한 산은 정족산, 즉 봉우리가 제기처럼 세 개인 산이다. 은나라의 다리 셋 달린 제기가 삼족오, 삼신 사상, 삼 세 번 등, 삼이라는 숫자의 성스러움과 완벽함을 강조하는 한민족의 밥솥과 무관하지 않을 터이다.

1-6. 용의 여섯째 아들 공하.

공하(蚣蝦) 또는 공복(蚣蝮)은 물을 좋아한다. 고궁이나 문화재급의 건물에 놓인 다리를 자세히 들여다보면 양쪽으로 용머리와 같은 괴수의 모습을 볼 수 있다. 이것이 바로 용의 여섯째아들인 공하이다.

용의 여섯째 아들 공하

우리는 여러 왕조를 거치면서 곳곳에 사찰과 문화재를 남겨놓았다. 고궁이나 사찰 등을 가면 주의 깊게 다리의 양끝을 보기 바란다. 분명 물에 들어가 장난치고 싶어 하는 듯한 공하와 눈이 마주칠 것이다.

다리면 다리, 지붕이면 지붕, 인간이 사는 모든 곳에서 사악한 기운을 물리치고 안전하게 살고자 했던 것이 우리 민족의 바람이었다. 이들이 늘 가구처럼 한 자리에 있으니 우리는 그들의 존재에 너무나 익숙해져서 거기서 우리를 지키고 있는 줄도 모르고 살아왔던 것이다. 어쩌면 신수(神獸)로 상징되는 존재들이 보이지 않는 곳에서 세상이 평안해 지도록 애쓴 결과 우리는 그들이 누구인지 알지 못해도 편하게 살아가고 있는 것인지도 모른다.

1-7. 용의 일곱째 아들 애자(睚眦).

애자는 죽이는 것을 즐긴다고 한다.
그래서 무장들이 단칼에 적을 벨 수 있도록 칼자루에 새겨 넣었다. 우리 선조들은 생필품뿐만 아니라 무기에조차 이런 주술적인 힘을 지닌 무늬를 새겨 넣었다.

죽이기를 좋아하는 용 애자

1-8. 용의 여덟째아들 산예(狻猊)

산예(狻猊)는 연기와 불을 좋아한다는 상상의 동물이라 통상 향로의 받침대에 장식으로 새긴다. 사실, 산예는 우리 민족에게 상당히 친숙한 동물이다. 우리가 향로의 장식에 새겨져 있는 동물이 무엇인지 자세히 들여다보지는 않지만 북청사자놀음이나 중국의 용춤에 등장하는 산예는 영화 등을 통해 익히 보아온 바다. 북청사자놀음에 나오는 산예 역시 이 동물이지만 외모가 사자를 닮아 사자놀음이라 불리는 것이며 오광대에 나오는 사자도 실은 산예이다. 신라오기(新羅五伎)의 하나로 사자춤인 산예를 꼽는다. 최치원(崔致遠)은 <향악잡영 鄕

樂雜詠> 5수에서 산예에 대해 이렇게 읊고 있다.

"일만 리 머나먼 곳 유사[고비(Gobi, 戈壁)사막]를 건너왔기로, 누런 털은 다 빠지고 뿌연 먼지 앉았으나, 인자롭고 덕이 있어 꼬리치고 머리 흔들며 즐겁게 노니, 웅혼한 기상을 어찌 온갖 짐승이 부리는 잔재주와 같다 하랴.(遠涉流沙萬里來 毛衣破盡着塵埃 搖頭掉尾馴仁德 雄氣寧同百獸才)."

사자무(獅子舞)는 인도에서 유래해 서역과 동방 여러 나라에서 유행하게 된 무악(舞樂)이며 실크로드를 통해 전해져, 중국·한국·일본 등지에서 각 지방의 특색이 가미되어 전해 내려오는 민속춤이다. 일본에서는 '사자물(獅子物)'이라는 독립된 계보를 이루는 춤으로까지 발전했다고 한다.

신라는 당시 상당히 국제화 된 나라였다. 일찍이 지증왕 13년(512), 이사부(異斯夫)의 우산국(于山國) 정벌기사에 사자가 나온다. 머나 먼 서역지방에 가야 볼 수 있는 사자를 이미 신라 사람들은 매일 얼굴 맞대는 강아지나 되는 듯이 사실적으로 조각했음을 역사는 증언하고 있다. 삼국유사는 이를 다음과 같이 묘사한다.

"우산국은 순풍으로 이틀거리에 있는 섬으로 주위가 26,730보에 달한다. 군주가 험한 바다를 믿고 조공하지 않자 왕이 이찬 박이종(이사부)에게 군사를 거느리고 가서 복속시킬 것을 명했다. 이찬이 배마다 나무사자를 가득 싣고 가 위협하기를 "항복치 않으면 이 짐승들을 풀어놓겠다"고 하자 두려움에 빠져 항복하였다"
- 삼국유사 지철로왕조-

같은 사건에 대해 김부식은 다음과 같이 전한다.

"우산국은 사방 100 리로 험한 지세를 믿고 신라에 항복하지 않았다. 이사부가 나무사자를 만들어 전선에 싣고 도착해 너희들이 만일 항복하지 않으면 이 맹수들을 풀어 너희를 밟아 죽이게 하겠다고 하자 두려운 나머지 바로 항복하였다."

- 삼국사기 이사부조 -

비단역사뿐만이 아니다. 김부식은 ≪삼국사기≫ 악지(樂志)에 우륵(于勒)이 지은 12개의 곡들을 수록했는데 이 중에 제8곡이 사자기이다. 백제는 신라만큼 많은 기록을 남기고 있지는 않지만 대신 상대적으로 우리보다 전화(戰禍)가 적었던 일본에 백제에 대한 기록이 남아 있다. 일본 악서에서는 백제기악(百濟伎樂)에 사자기가 있다는 기록이 전해진다.

미술 분야는 아마도 가장 많은 산예의 흔적을 남긴 분야가 아닐까 한다. 신라의 사찰이나 문화유적지에서 우리는 신라의 사자 조각품을 만날 수 있다. 고려시대, 조선시대로 내려가면 향로[18] 등의 일상용품뿐만 아니라 회화에서도 찾아볼 수 있다. 김홍도(金弘道) <평안감사환영도 平安監司歡迎圖>나 ≪화성성역의궤 華城城役儀軌≫의 <낙성연도 落成宴圖>에 명절이나 행사 때 이 춤을 시연했음을 알 수 있는 사자춤 추는 광대들의 모습이 묘사되어 있다.[(한국민족

---

18) 위에서 언급한 향로 중, 청자 용장식 향로는 고려시대의 것으로서 현재 국립중앙박물관이 소장하고 있다. 괄호 안의 내용은 국립중앙박물관에서 제공하는 설명이다.[유물명칭 : 청자 용 장식 향로국적/시대 : 한국(韓國)/ 고려(高麗)재질 : 도자기(陶磁器)-청자(靑磁) / 크기 : 높이 22.7cm / 용도/기능 : 사회생활(社會生活) / 의례생활(儀禮生活) 소장처 : 국립1 / 중앙유물번호 : 덕수(德壽) 005146-000. 개성에서 출토된 이 향로는 뚜껑과 넓은 전이 달린 둥근 몸체, 그리고 짐승 얼굴 모습을 한 세 개의 다리로 구성되어 있다. 몸체에서 향을 피우면 조각 장식의 입을 통해 향이 분출된다. 고려시대 청자 향로의 뚜껑에 장식된 조각의 종류는 원앙·오리 등 실제 동물들과 불법(佛法)을 수호하는 사자·기린·용 등 상상의 동물들로 구분된다. 이 향로의 뚜껑은 보주를 받든 용의 조각이 장식되었는데, 유사한 청자 조각이 중국 칭량 사(淸凉寺) 여요(汝窯) 가마터에서도 발견된 바 있다. 즉, 송나라 사신 서긍이 『고려도경』에서 언급했던 중국 여요 청자와 고려청자의 영향관계를 보여주는 작품이라 할 수 있다. 이같은 특징을 가진 향로는 대체로 11세기 중반경에는 시작되어 13세기 전반경까지 활발하게 만들어졌던 것으로 추정된다. 고려시대 조각 장식 청자 향로의 시작은 중국의 영향에서 비롯되었지만, 점차 고려만의 독특한 세련미와 뛰어난 조형미로 새롭게 발전되었다.]

문화대백과, 한국학중앙연구원)의 "산예(狻猊)" 부분 참조]

1-9. 용의 막내아들, 초도(椒圖)

용의 아홉째 아들은 초도라고 불린다. 여기서 초(椒)는 산초나무를 뜻한다. 우리나라에 고춧가루가 일반적으로 보급되지 않았던 시절에 고추가 맡았던 역할을 담당했던 양념계의 감초, 바로 그 산초이다. 산초의 맛은 매운 것으로 통했는데, 이 맵다는 말을 우리 조상은 여러 의미로 썼다. 시집살이처럼 견디기 힘든 일에도 "맵다"는 표현을 쓴다. 중모리로 불리는 상주 모심기 노래에는 이런 표현이 있다. "고초당초 맵다 해도 시집살이 더 맵더라." 또 이 귀절은 전남 보성군의 "잠아잠아 오지 마라"로 시작하는 "잠노래", 황해도의 "물레노래"에도 삽입되어 있다.

물레야 돌아라 살살 돌아라[후렴구 삽입-우는 소리의 의성어]
시어머니 알면은 매맞갔구나[후렴구 삽입]
아이고데고 성화로구나[후렴구 삽입]
물레가락은 패뱅팽 도는데[후렴구 삽입]
기지개만 살살나누나[후렴구 삽입]
고초당초 맵다해도 시집살이만 못하더라[후렴구 삽입]
(황해도 민요)

이렇게 매운 감정을 자극할 정도로 못생긴 것이 바로 초도의 얼굴이다. 초도는 툭 불거진 눈에 날카로운 이빨이 양서류와 파충류를 두루 섞어놓은 듯한 얼굴이다. 하도 매울 정도로 못생겨서 초도를 한 번 보면 산초나무인 "초(椒)"를 먹은 것 같다고 한다.

이 가엾게 못생긴 짐승의 이름이 바로 초도[19]이다. 모든 사람이 초도를 보았

---

19) 국립중앙박물관이나 경주 박물관에 가면 초도 문고리 장식을 찾아볼 수 있다.[유물명칭: 금동문고리, 국적/

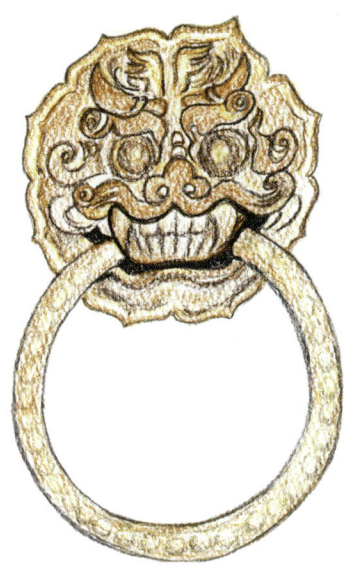

대문고리-초도

을 때 어떤 표정을 지었겠는가? 당황하여 눈을 돌리거니 헛구역질을 하는 사람도 있었을 터이고 깜짝 놀라 울음을 터뜨리는 아이들도 있었을 것이다. 그런 사람들의 반응을 봐야 하는 초도의 심정 역시 매웠을 것이다. 시집살이보다 더 맵게 아팠으면 아팠지 그보다 못하지는 않았으리라. 그래서였을까. 초도는 사람을 싫어한다. 모든 이가 그의 추함을 피하는 가운데 용의 막내아들은 자폐아가 되어 버렸다. 그래서 문 안으로 꽁꽁 숨어들었다. 고리를 걸어 세상과 자신을 단절시킨 채 굳게 문을 닫아걸었음이다. 그 문은 일반인을 내쳤을 뿐만 아니라 강도나 치한 등의 침입자들도 집안에 발붙이지 못하도록 지켜주는 결과를 가져왔다. 초도는 이때부터 자기 가족을 지키려는 일반인들의 호응을 얻어 사랑을 받

시대 :"한국(韓國) / 통일신라(統一新羅)재질 : 금속(金屬) / 금동제(金銅製), 용도/기능: 주(住) / 건축부재(建築部材) / 장식부재(裝飾部材) / 문부속구(門部屬具), 소장처 : 국립1(國立1) / 경주(慶州)유물번호 : 안압지(雁鴨池) 001416-000장식구로 사용되었던 금동제 귀면문고리이다. 이 문고리는 같은 틀에서 떠내어 도금한 것으로 안압지에서 여러 점이 출토되었다. 부릅뜬 눈과 큰 코, 양 볼의 갈기와 송곳니를 드러낸 큰 입 등 매우 정교하고 세련된 제작기술을 보여준다. 입에는 염주와 같은 고리를 만들었고 중앙에 촉을 달아 다른 물건에 부착하여 고리가 움직일 수 있게 만들어, 손으로 잡을 수 있게 하였다."]

게 된다. 예전에는 어느 집이나 문고리에 초도의 얼굴이나 추상화 된 초도 얼굴의 귀면 문고리 장식이 붙어 있었다. 때로는 아무도 손을 대서는 안 되는 금고의 자물통에도 새겨 넣었다.

벽사의 의미로만 문고리를 달 때에는 다른 동물을 사용하기도 했다. 아래 낡은 대문 문고리에 보이는 모습은 사자의 얼굴이다. 분명 용의 아들 중 사자의 얼굴을 한 산예일 것이다. 하지만 별당과 같이 전통적으로 출입이 엄격히 금지된 곳에는 초도 문양을 새겨 넣는 것이 상례였다.

일반인이 상식적으로 말하는 "추(醜)"하다는 것은 사랑받아 마땅한 어떤 인물을 창조하는 전제조건이 되기도 한다. 박씨 부인이 추한 껍질을 뒤집어쓰고 태어나지 않았던들, 천상배필인 이시백을 만나기도 전에 진실하지 못한 한국형 카사노바의 연애질에 희생양이 되었을 수도 있지 않았을까? 자손들의 행복한 미래를 궁리하는 부모들이라면 지금이라도 현관문에 전통장식인 초도를 하나 설치해 볼 일이다. 용의 핏줄이라는 고귀한 태생이며 용 형제의 막내인 초도는 분명 삿된 침입자의 손길로부터 가정을 보호해 줄 것이다.

2. 이동양의 「회록당집(懷麓堂集)」에 나타난 용의 혈통 분류

이동양(李東陽)은 명나라 사람이다. 자는 빈지(賓之)이고, 호는 서애(西涯)이며 천순(天順) 8년(1464)에 진사가 된 후 홍치(弘治) 8년(1495)에는 예부시랑 겸 문연각대학사(文淵閣大學士)에 오르는 등 50여 년 동안 조정의 요직을 역임했다. 정덕(正德) 7년(1512) 무종(武宗)에게 변방의 장수 강빈(江彬)을 교체하라고 간했지만 듣지 않자 노병(老病)을 이유로 사직했다. 그는 최고위직에까지 올라서도 청렴함을 잃지 않았다고 한다. 그는 문장가였을 뿐만 아니라 전서와 예서에 능한 서예가였다. 저서로는 『회덕당집(懷德堂集)』 100권이 있는데, 그 중에서도 역대의 사실(史實)을 노래한 『의고악부(擬古樂府)』 100편이 유명하다.[20]

---

20) 이수웅, 역사 따라 배우는 중국문학사 참조

그가 지은 「회록당집(懷麓堂集)」에서는 용의 아들들의 순서와 이름이 조금 다르게 기록되었다. 그는 용생구자설(龍生九子說)에서 지목한 아들로서 수우(囚牛), 애자(睚眦), 조풍(嘲風), 포뢰(蒲牢), 산예(狻猊), 비희(贔屭), 폐안(狴犴), 부희(負屭), 이문(螭吻)을 적고 있다. 상상 속 동물들의 순서와 종류는 약간 바뀌었지만 같은 이름인 경우, 성격이 다르지는 않다.

위에서 언급하지 않은 동물만을 소개한다.

2-1. 용의 맏아들 수우와 셋째 아들 조풍

맏아들 수우(囚牛)는 음악을 좋아한다. 따라서 현악기(琴)의 머리 부분에 장식으로 새긴다. 그의 형상으로 주술적인 효과를 노리는 것이다.

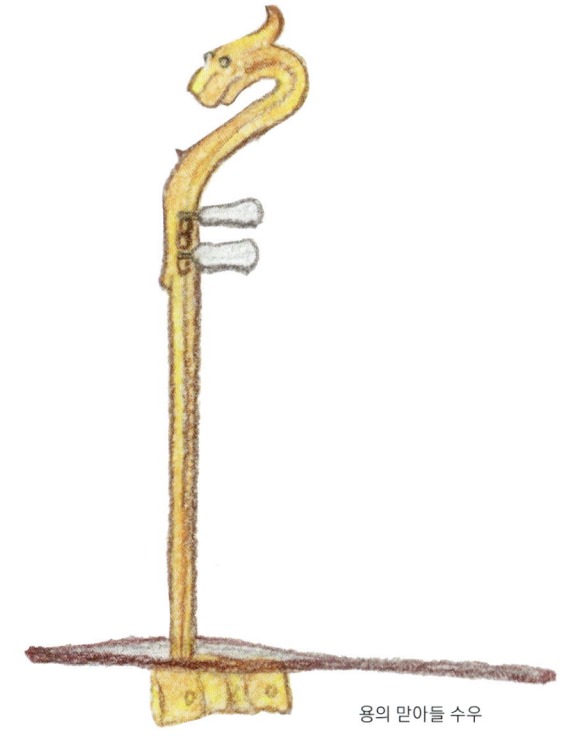

용의 맏아들 수우

조풍(嘲風){사진제공: 곽동해 교수[http://cafe.naver.com/kes0813/810: 곽동해, 절집에 숨겨진 아름다운 고격과 해학의 격조, 용장식, 2010, 불교와 문화(1월호)]}

　용의 아홉아들 중 『용경』에 기록된 내용에 의하면 셋째 아들 조풍(嘲風)은 험한 것을 좋아하므로 전각의 높은 곳에 두는 건축물의 부재로서 장식했다고 한다.

　곽동해에 의하면 용생구자설은 법화경에서 유래한다[21]. 예술평론을 하는 분들 중 어떤 분은 조풍과 이문을 같은 동물이라 일컫는데 이동양은 이문을 용의 막내아들로서 소개하고 있다. 필자로서는 중국에 전해지는 고전을 모두 확인해 볼 길이 없어 여기서 그 진위를 밝히는 것은 역부족인 듯하다.

　2-2. 용의 여덟째 아들 부희.

---

21) http://cafe.naver.com/kes0813/810: 곽동해, 절집에 숨겨진 아름다운 고격과 해학의 격조, 용장식, 2010, 불교와 문화(1월호); "구룡설화는 석가세존의 탄생 시 아홉 마리의 용이 나타나 청정수를 뿜어 아기부처를 목욕시켰다는 데에서 유래한다."

여덟째 부희(負屭)는 문학 등의 예술을 좋아한다. 따라서 비문을 새기기 전에 비문의 위쪽에 새겨 넣는다. 유서 깊은 가문의 비문 위쪽에 구렁이처럼 얽힌 형상이 있다면 틀림없이 부희다.

용의 일곱째 아들 부희

비석 위에 새겨 넣은 부희

일반적으로 사람들은 용의 생김새를 닮으면 용(龍)이나 봉(鳳)이라고 부르지만 용의 자손들은 한 부모의 자식이라 이렇게 생김새가 비슷할 뿐 서로 다른 기능과 이름을 가지고 있다. 공룡을 모르는 사람들은 어느 공룡이나 다 똑같아 보일는지 모르지만 공룡마니아들은 트리케라톱스와 프로토케라톱스를 확실하게 구분한다. 용의 아들들에 대한 지식을 방금 갖춘 우리부터라도 이제는 문화유물에 나타나는 모든 용의 핏줄들에 대해 고유의 이름을 돌려주어야 할 때가 왔다.

3. 살아남은 공룡들의 이야기, 용 설화가 서린 곳

동양에서의 용. 특히 한국에서 신성시 했던 용은 기마민족인 우리 조상이 한반도로 흘러들어와 정착해 농경민족처럼 살아가면서 다소 성격이 바뀐 듯하다. 여의주를 물고 불을 뿜으며 민족을 전쟁에서 수호하는 전투적인 신적 동물로서 보다는 비를 내려주는 역할, 삿된 것으로부터 땅을 지킴으로써 평화롭게 정착해 살아갈 수 있게 하는 신수로서의 기능을 주로 담당하게 된 것으로 보인다.

신라시대의 '사해제(四海祭)'·'사독제(四瀆祭)'(三國史記 卷 三十二 雜志 第

一), 고려시대의 '사해사독제'(高麗史 世家 四十二), 조선시대의 각 지역 용신제 등이 모두 생명을 위한 기초 경제활동인 농경을 위해 치러졌다. 우리는 풍년을 기리며 용신에게 물을 구하는 농악놀이를 보며 살아왔다. 또 가뭄이 계속되면 거국적인 규모로 기우제를 지내기도 했다. 중종실록 중종조의 26년 5월조(中宗 實錄 中宗 二十六年 五月條)에는 경기도의 용지(龍池)·용두산, 충청도의 용연(龍淵), 경상도의 용수암(龍水巖), 전라도의 용지·용연, 황해도의 용정(龍井), 평안도의 구룡산(九龍山), 함경도의 장자지(長者池) 에서 기우제를 지내면 큰 효험이 있다고 했고, 조선시대까지 이들 장소에서는 널리 기우제가 행해졌다. 20세기 초까지 이 나라의 근간 경제인 농업을 살리는 것은 지배계급의 의무였고 또 지배자의 부덕함이 기후로 응징된다는 민간신앙이 있었으므로 관개사업에 힘쓰는 것은 왕의 정치생명과도 직결되었다. 자연스레 우리 민족이 가장 두려워하고 신성시 했던 것은 비를 부르는 용이 되었다.

우리 국토 구석구석에 용과 관련된 설화 한 자락이 없는 땅은 거의 없다고 해도 과언이 아니다. 그 중 명소로 이름 난 곳 몇 군데에 얽힌 설화를 살펴보기로 한다.

3-1. 감은사와 용연 그리고 만파식적

신라 문무왕은 삼국통일을 이루고 당나라 군대를 이 땅에서 몰아냈다. 그는 왕사에게 버릇처럼, 죽어서 나라를 지키는 용이 되겠다고 하곤 했다. 문무왕이 세상을 떠난 후 그의 아들 신문왕은 아버지의 유골을 바다 속 바위 안에 모셨다.[22] 신문왕은 아버지의 넋을 기리기 위해 감은사라는 절을 짓고 법당 아래에는 동쪽으로 물길을 만들어 바다로 통하게 했다. 용이 된 문무왕이 드나들 수 있도록. 그런데 다음 해 5월 첫째 날, 동해에서 작은 산 하나가 물결을 따라 온다는 신하의 전갈이 왔다. 왕이 점쟁이를 불러 점을 치게 하니, 문무왕이 용이 되

---

22) 지금도 이 바위는 대왕암이라고 불린다. 삼국유사의 성격상 이 모든 내용이 설화에 불과하다고 생각하던 시절이 있었다. 그러나 어느 날 썰물 때에 정말 대왕암 아래에서 수중묘가 발견되었다.

어 바다를 지키고 김유신 장군도 하늘에서 나라를 돌보고 있다는 것이었다. 그 두 조상이 힘을 모아 신라에 보물을 주기 위해 이 섬을 보냈다는 것이다. 신문왕이 병사를 시켜 섬을 살펴보게 하니 거북머리 모양의 산에 대나무 한 그루가 서 있었는데, 이 대나무는 낮에는 둘이었다가 밤이 되면 하나로 합쳐졌다. 그 날 밤 신문왕이 감은사에 묵고 있는데, 세상이 캄캄해지며 몇 날 며칠 동안이나 비바람이 몰아쳤다. 바람이 가라앉았을 때 신하들이 만류함에도 불구하고 신문왕은 배를 저어 거북모양 산으로 갔다. 왕이 다가가자 검은 용이 나타나 무릎을 꿇고 용왕님의 선물이라면서 옥으로 만든 허리띠를 바쳤다. 용이 말하기를 문무왕은 바다의 용이 되었고 김유신 장군은 하늘의 신이 되었다면서 둘이 힘을 합해 나라의 보물을 바치게 한 것이라고 아뢰었다. 문무왕은 용에게 오색비단과 보석을 선물하고 산 위의 대나무를 베어왔다. 궁궐에서 기다리던 태자가 용이 준 허리띠를 살펴보니 허리띠에 새겨진 눈금 하나하나가 진짜 용이라고 했다. 왕이 왼쪽 둘째 눈금을 떼어 시냇물에 넣자 눈금은 순식간에 큰 용으로 변해 하늘로 솟구쳐 올라갔고 그 자리는 움푹 파여 연못이 되었는데, 이 연못이 바로 용연이다. 왕이 거북산에서 베어온 대나무로 피리를 만들었는데, 이 피리는 적군이 몰려올 때 불면 적군이 물러갔고, 가물 때 불면 비가 왔으며 큰 비가 오거나 풍랑이 일 때 불면 바람이 가라앉고 비가 멈추었다. 그래서 사람들은 이 피리를 만파식적(만파식적)이라 불렀다. 이 피리의 신령한 힘으로 신라는 오래도록 다른 나라의 침략을 받지 않고 평화를 누리게 되었다.

* 감은사지: 감은사는 지금은 사라져 볼 수가 없다. 현재는 감은사지 터만 남아 있는데, 1963년 1월 21일 사적 제 31호로 지정되었으며 소재지는 경상북도 경주시 양북면 용당리 55-1이다. 감은사지 삼층 석탑이 유명하다. 이 탑은 2중의 기단에 사각형으로 쌓아올린 3층 석탑으로, 동·서에 나란히 똑같은 모양의 탑이 두 개 있다. 신라 신문왕 2년(682)에 감은사가 창건되었으므로 이 탑도 그 무렵 세워진 것으로 추정된다. 우리나라에서 가장 오래되고 거대한 석탑이다. 1960년, 서쪽 탑을 해체, 수리할 때 3층 탑신에서 창건 당시에 넣어둔 사리장치

가 발견되었다.

* 문무대왕릉: 수중릉으로 신라 제 30대 문무왕의 능이다. 경상북도 경주시 양북면 봉길리에 있다. 사적 제158호로 지정되었으며 대왕암이라고도 불린다.

* 용연: 감은사의 중문터 앞에 있었다는 못으로 지금도 감은사 터에는 창건 당시에 만들었다고 하는 연못의 흔적들을 볼 수 있다. 하지만 만파식적에 얽힌 이야기는 현재 스토리텔링을 입혀 복원한 문무왕 장례길 코스에 들어있는 용연폭포에도 적용된다. 용연폭포는 경주 함월산 기림사 경내에 있다.

3-2 황룡사와 구층 목탑

〈삼국사기〉와 〈삼국유사〉에 전해오는 이야기이다. 진흥왕은 왕위에 오른 지 14년이 되었을 때 월성의 동쪽에 새로운 궁궐을 지으려고 했다. 그런데 그 곳에서 황룡이 나타났다고 한다. 왕은 놀라 그곳에 궁궐을 지으려던 계획을 바꾸어 절을 짓고 황룡사라고 했다는 설화가 전해 내려온다. 현재 이곳에는 흔적만 남아 있다. 황룡사지 터로 가는 길목에 석주가 남아 있고 그 아래 거북모양의 조각이 있는데 이는 필경 무거운 것을 지고 힘자랑을 하는 용의 맏아들 비희일 것이므로 이곳에 건물기둥이 있었다는 것을 알 수 있다.

제27대 선덕왕(善德王)이 왕위에 오른 지 5년째 서기 636년, 자장법사(慈藏法師)는 중국으로 유학을 가게 된다. 가는 길에 그는 문수보살을 만난다. 문수보살은 신라왕이 인도의 크샤트리아 계급이었다고 말하면서 신라 백성이 미신을 버리고 불심을 가지면 재앙이 사라지리라는 메시지를 전한다. 그가 중국의 태화지(太和池) 옆을 지나가려 할 때 이번에는 신인을 만난다. 그가 왜 당나라에 왔느냐고 묻고 자장법사가 고구려와 백제 사이에 끼어 침략 받는 상황을 불심으로 이겨보려고 왔다고 말하자 황룡사의 호법용(護法龍)이 자신의 맏아들이라고 했다. 그리고 고국에 돌아가서 절 안에 9층탑을 세우면 이웃나라들이 항복할 것이고 구한(九韓)이 와서 조공할 것이며 왕업이 길이 편안할 것이라고 했다. 또 탑을 세운 후에 팔관회를 열고 죄인을 용서하여 풀어주면, 외적(外敵)이 해를 끼치지 못할 것이라면서 자신을 위해 서울[23] 인근 남쪽 언덕에 절 하나를 지어 복을 빌어준다면, 은덕에 보답하겠다고 말했다. 자장법사는 서기 643, 드디어 당나라 황제가 준 불경과 불상, 승복과 폐백 등을 가지고 귀국하게 된다. 이에 선덕여왕은 신하들과 상의한 결과 백제의 아비지를 탑을 세울 가장 적합한 인물로 점찍고 그를 불러다 탑을 세운다. 절의 기둥을 세우는 날, 아비지는 꿈에 고국 백제가 망하는 모습을 보게 되었으므로 공사를 멈추었다. 그러자 갑자기 대지가 진동하면서 깜깜해졌는데, 그 어둠 속에서 웬 노승과 장사 하나가 금전문(金殿門)에서 나와 기둥을 세우더니, 사라졌다. 이 모습을 본 아비지는 뉘우치고 그 탑을 완성했다고 한다. 아홉 개의 층은 신라 변방의 나라들을 가리켰고 이 탑은 그 이웃들을 불력으로 내리눌렀다고 한다. 이 탑은 698년(효소왕 7) 벼락을 맞아 불탄 이래 여러 차례 중수되었으나 1238년(고려 고종 25) 몽골의 병화(兵火)로 전체가 불타버려 그 후로는 중수되지 못하였다.

3-3. 용소설화가 서린 곳

우리나라에는 물에 살던 용과 관련된 지명이 너무나 많다. 하나하나 열거하기 힘들 정도이다. 전국의 용과 관련된 지명 훑기는 다음 기회로 미루고 여기서는 대표적인 용소(龍沼) 설화, 몇 가지를 소개할까 한다.

3-3-1. 양산 통도사 터에 얽힌 이야기

경상남도 양산에 있는 통도사에 얽힌 일이다. "643년(신라 선덕여왕 12년) 대

---
[23] 경주, 서라벌을 뜻한다. 서울은 서라벌에서 유래한 말이다.

국통인 자장율사는 당나라에서 문수보살로부터 받은 석가모니의 가사와 사리를 가지고 돌아온다. 여왕과 함께 이것을 모실 절을 짓기로 하고 전국의 적합한 곳을 찾아다니던 중 석가모니가 설법했던 인도 영축산의 모습과 닮은 축서산을 발견하게 되었고 자장율사는 축서산 아래 큰 연못을 메워 절을 짓기로 했다. 그런데 이 연못에는 용이 아홉 마리 살고 있었다. 자장율사는 용들을 불러 '절을 지을 예정이니 떠나라고 권했지만 용들은 들은 척도 하지 않았다. 자장법사가 종이에 불 화(火)자를 넉자 써서 못에 던지고 법장(法杖)으로 저었더니 물이 부글부글 끓었다. 깜짝 놀란 용들은 달아났다. 아홉 마리의 용 중 다섯 마리는 남서쪽으로 도망을 가다 떨어져 죽었다. 나머지 세 마리는 동쪽으로 달아나다 솥밭 길 근처 커다란 바위에 부딪혀 죽었는데 이 때 그 피가 근처 바위를 흠뻑 적셨다. 사람들은 용이 떨어져 죽은 계곡을 오룡골이라고 불렀고 용의 피가 밴 바위를 용혈암이라고 불렀다고 한다. 그 중 한 마리는 눈이 멀어 도망을 치지 못하고 자장법사에게 그 곳에서 살게 해 달라고 빌어 통도사를 지키는 신수가 되었다고 한다. 이렇게 원주인인 용들을 협박하여 내쫓고 지은 통도사는 기록으로 살아남은 역사가 전투에서 승리한 자들의 이야기이듯 전화(戰禍)에서 살아남아 아직도 웅장한 자태를 자랑한다. 공룡들이 몰살당한 자리에 인간이 터를 잡고 잘 살아나가고 있듯이.

3-3-2. 지금은 갈 수 없는 땅, 황해도에 내려오는 용소설화.』

옛날, 황해도 장연읍에 김활량이라는 사람이 살고 있었다. 장연읍에서 몽금포로 가는 길옆에는 용소라는 곳이 있었는데 어느날 김활량이 잠이 들자 꿈에 그 용소에서 황룡이 나타나 말했다.
"제가 내일 청룡과 싸워야 합니다. 그 때 공께서 나타나 청룡을 활로 쏘아 떨어뜨려 주시면 꼭 은혜를 갚겠습니다."
잠에서 깨어난 김활량은 꿈이 너무나 생생하여 활을 들고 용소로 가 보았다. 그러자 용소에서는 안개처럼 분무를 뿜으며 황룡과 청룡 두 마리가 격렬하게 싸우고 있었다. 김활량은 꿈에 약속한 대로 청룡을 쏘아 떨어뜨렸다. 황룡은 공손하게 절을 하며 말했다.

"공께서 저를 도와주셨으니 이번에는 제가 공께 보답을 할 차례입니다."

황룡은 그 때까지 황무지였던 용소 앞의 허허벌판에 물을 대 옥답으로 탈바꿈시켜 주었다. 김활량은 끝이 보이지 않을 정도로 넓은 옥답을 얻게 되어 큰 부자가 되었다. 그 때부터 사람들은 그 벌판을 용정벌이라고 불렀다.

3-3-3. 기록설화에서 만나는 황해도 용소 설화의 원류.

구비문학대계(韓國口碑文學大系 1-1, 1980)에 실린 위의 용소 이야기는 『삼국유사』에 기록되어 내려오는 거타지 설화와 대동소이하다. 어쩌면 일연이 채록한 기록설화인 거타지 설화가 계속 구전되어 새로운 버전으로 바뀌었는지도 모를 일이다. 거타지 설화를 다시 한 번 요약해 비교해 보기로 하자. 신라 제51대 진성여왕이 등극한 지 몇 해 안 되어 여왕의 아들 양패(良貝)가 당(唐)나라에 사신으로 가게 되었다. 양패는 명궁 거타지(居陀知)를 수행원으로 삼아 배를 타고 서해(西海)를 건너가게 되었다. 배가 곡도(鵠島)에 이르렀을 때, 풍랑이 심해 더 이상 갈 수가 없었다. 그들은 십여 일을 오도 가도 못하게 되었다. 그 때 양패의 꿈에 한 노인이 나타나 섬에 궁사 한 사람을 두고 가면 뱃길이 무사할 것이라고 말했다. 이에 제비뽑기를 해서 섬에 남을 궁사를 정하기로 했는데, 하필 거타지가 뽑히게 되었다. 홀로 남은 거타지의 앞에 한 노인이 못 속에서 나타나더니 말했다.

"매일 해 뜰 무렵이 되면 사미승(沙彌僧) 하나가 하늘에서 내려와 우리 자손들의 간(肝)을 빼 먹고 사라지곤 합니다. 이제 자식들은 모두 다 죽고 우리 부부와 딸 하나만 남게 되었습니다. 부디 이 사미승이 나타나면 활로 쏘아 죽여주십시오."

듣고 보니 사미승이라는 자가 괘씸했다. 한 집안의 손을 모두 끊어놓았기 때문이다. 거타지는 쾌히 승낙을 하고 해가 뜰 때쯤 활을 들고 기다렸다. 과연 햇살이 비치자 하늘에서 요사스러운 사미승 하나가 내려왔다. 거타지는 사미승을 겨냥해 활을 쏘았다. 그러자 사미승은 '캥'소리를 내며 죽었는데 알고 보니 구미호였다. 그러자 노인이 나타나 머리를 조아리며 절을 했다.

"정말 이 은혜는 죽어도 잊지 않겠습니다. 우리는 이제 늙었으니 우리 여식을 거두어 주십시오."

거타지는 졸지에 아름다운 용의 딸과 결혼하게 되었다. 그는 서해용왕이었다. 다시 거타지가 떠나려 하자 그는 딸을 꽃가지로 변하게 해서 거타지가 품고 가게 해 주었다.

용왕은 용 두 마리를 보내 당나라에서 돌아올 때까지 이들을 수호했다. 당나라 대신들은 거타지가 비범한 인물임을 알고 크게 환대하게 되었다. 거타지가 귀국하자 꽃가지는 다시 여자로 변해 거타지와 함께 내내 행복하게 살았다고 한다.

또 전라남도 담양군 추월산(秋月山)에도 용 설화가 내려온다. 이 설화가 특별히 우리에게 중요한 것은 바로 용의 발자국 때문이다. 추월산 동쪽에는 두개의 돌 연못이 있고 기암 밑에는 용이 살았다는 굴이 있다고 한다. 그리고 그 반석 위에는 구불구불한 용의 발자국이 지금도 남아 있어서 그 두개의 못을 용연이라고 불렀다고 한다(朴榮濬, 韓國의 傳說 8, 1973). 담양은 우항리에서 그리 멀지 않은 곳이다.

반석 위의 구불구불한 용의 발자국…. 귀에 익은 말 아닐까? 우리는 바로 그 반석 위에 난 공룡의 발자국을 따라 여행을 하고 있기 때문이다. 이런 설화가 내려오는 것을 보면 담양지역에도 공룡이 살았음이 틀림없다. 그곳을 잘 찾아보면 우리는 공룡발자국이나 서식지를 더 찾을 수 있을는지도 모른다. 게다가 동양의 용, 중국의 용은 대개 대나무숲룡이라고 부르는, 몸이 구렁이처럼 길고 입에서 불을 뿜는 용이다. 담양에 대나무가 많은 것과도 결코 무관해 보이지 않는 대목이다. 우리는 지금 이미 발견된 공룡화석단지를 찾아 떠나는 여행을 하고 있지만 이런 설화를 찾을 때마다 역으로, 이야기를 따라 화석탐사를 떠나는 것은 어떨까 생각해 본다.

3-3-4. 용과 그 핏줄들의 이야기.

용마도 분명 용과 관련 있는 동물이다. 이 용마의 생김새는 그리스 설화의 페가수스와 100% 일치한다. 박물관 학예사 출신인 『샤먼제국』의 저자, 박용숙이 우리의 고구려가 그리스 도시국가의 하나였던 스파르타와 관계있다는 주장을 펼친 이유도 고대유물과 고고학을 근거로 하는 것이므로 상당히 설득력이 있지만 우리 신화 속의 동물, 용마를 보면 고고학이 아닌 다른 분야에서도 그의 주장은 증명될 수 있고 지지 받을 만하다. 유사점은 그것뿐만이 아니다. 까마득한 옛날에 쓰인 『삼국유사』속의 경문왕도 그리스 신화의 미노스 왕처럼 당나귀 귀였다. 어쨌든 이 용마는 용인지역, 강원도 지역, 서울지역 등등, 한국의 고장고장마다 용마산이라는 이름의 산을 남기게 하는 데 지대한 영향을 준 상상의 동물이다. 중국 문헌에서 묘사하는 용마의 모습은 키가 2.5미터나 되고 몸에는 비늘, 등에는 날개, 머리에는 두 개의 뿔이 달려 있는 형상이다. 마치 볏이 달린 공룡에다 익룡의 날개를 이식해 놓은 것 같은 생김새인 것이다. 그들도 혹시 중생대의 화를 피해 살아남은 익룡이나 포유류형 파충류의 후손이 아니었을까? 우리나라 각 지역에는 용마산 말고도 용과 관련된 지명이 많다. 조선시대뿐만 아니라 박정희 대통령 시절, 노무현 대통령 시절 등, 각 시대 권력자들이 아꼈던 계룡산도 용과 관련된 설화가 내려오는 곳이다.

계룡산은 충청남도 공주군과 논산군에 걸쳐 있는데 그 이어지는 봉우리 모양이 마치 닭의 볏을 쓴 용과 같다 하여 붙여진 이름이라고 한다. 코리토사우루스나 사우롤로푸스는 실제로 닭과 같은 볏이 있는 공룡들이다. 말하자면 계룡인 셈이다. 산 서쪽에는 용문폭(龍門瀑)이 있고, 남쪽에는 숫용추와 암용추가 있는데, 옛날 숫용추와 암용추에는 암용과 숫용이 살았다고 하며, 양쪽은 땅속으로 서로 통해 있었다고 전해진다. 이 호수는 아무리 가물어도 물이 마르는 법이 없으며 명주실꾸리 몇 개를 풀어 넣어도 끝이 없을 정도로 깊다고 한다. ≪세종실록≫ 지리지 충청도 공주조에도 "계룡산 아래 잠연(潛淵)이 있는데 가뭄에 기우하면 반드시 효험이 있다."라는 내용이 있다. 여기에서의 잠연은 암용추·숫용추를 가리킨다. 지금 계룡산에는 계룡산자연사박물관이 있고 설립자의 호 청운을 따 지은 이름, 천우호연사우루스 청운엔시스(Chunwoohoyeonsaurs Chungwoonensis)의 뼈가 전시되어 있다. 하지만 이 공룡은 자연사박물관에 전시할 목적으로 설립자가 발굴비용을 댔기 때문에 설립자의 호인 한국 이름 청운이 들어갔을 뿐, 엄연히 외국국적의 공룡이다.

원래 용은 민간에서 신앙하던 동물이었지만 불교에 편입되어 부처를 수호하는 수호신으로 둔갑한다. 천룡팔부가 바로 그것이다. 뿐만 아니라 우리 민화에서도 용은 중요한 소재가 되고 있다. 우리는 매일 생필품에서 용을 만난다. 공룡은 조류의 형태로 뿐만이 아니라 설화와 일상소품으로 변신해 여전히 지구상에 생존해 있다고 하겠다.

서사무가 "원텬강 본푸리" 속의 청수와당 이무기

　서사무가 중에 원천강 본풀이라는 것이 있다. 구전되어 오던 한국의 여성 영웅신화인데 기록본이 남은 서적으로는 일제 강점기『조선무속의 연구』가 유일하다. 주변 강대국들의 침략전쟁으로 인한 도서관의 소실, 한국고대역사 말살정책 등에 의한 기록본 인멸 등으로 웬만한 신화 및 역사관계 서적들은 대부분 사라졌고 구전설화나 무당집에서 대대로 구전으로 전승되던 서사무가에 의해서만 오늘날까지 살아남게 되었다. 현재도 제주도 일부에서는 "원텬강 본푸리"라는 무속신화로서 전해진다. 아이러니컬하게도 우리 역사를 왜곡하기 위한 전초전으로서 시작했던 일본의 한국설화채록과정에서 이 무가가 기록으로 살아남아 오늘날 구비문학자들에게 전해지게 되었다. 다른 본풀이들이 무가에서 쉽게 채록되는 반면 원천강본풀이는 일본인 학자가 채록한 본만 유일하게 남아 이를 연구·계승한 구비문학자들에 의해 가까스로 명맥이 이어졌다. 여기서 우리가 보려는 부분은 "청수와당 이무기"에 대한 내용이다. 하지만 "오늘이"는 아주 재미있을 뿐만 아니라 계절을 관장하는 여신이라는 점에서 전체 내용을 읽어보는 것이 여행의 무료함을 없애기에 좋을 듯하다. 그렇게 하면 각 장의 균형이 깨져 책으로서의 모양새가 좋지 않지만 독자들의 바람을 충족시키기 위해서라면 그런 비난쯤은 얼마든 감수할 수 있다. 구전설화의 현장감을 살리기 위해 가능하면 옛 말투, 서사를 풀 때와 같은 느낌으로 소개하려 한다.

서양인의 시각과 한국인의 시각은 극명한 대조를 이룬다. 서양에서 시간을 관리하는 신은 바로 크로노스이다. 제 아비를 죽이고 자식들은 잡아먹으며 자신의 권력을 유지하려 했던 그 무자비한 신 말이다. 어찌 보면 시간은 크로노스의 낫처럼 냉혹하다. 그러나 달리 보면 그 시간이 우리에게 성장을 주고 자식을 길러주며 춘하추동 아름다운 꽃과 열매 그리고 향기를 선사하는 것이다. 만물이 땅으로 돌아가야 할 겨울까지도 한시적이기에 눈물겹도록 아름답다. 그리고 "개똥밭에 굴러도 이승이 낫다"는 말처럼 그동안 누렸던 것에 감사하며 우린 겨울나무의 뿌리처럼 땅으로 돌아가는 것이다. 부모에게 버림받았어도 아름다운 세상을 만나게 해 준 부모의 은혜를 알기에, 시간의 중요성과 우주의 법칙을 이해했기에 오늘이는 운명을 비관하는 버림받은 천애고아가 아니고 옥황의 신녀가 된다. 그리고 다시 인간세상에 강림하여 원천강을 등사[27]한다.

한 마디로 요약하자면 황량한 들판에서 신이한 존재들의 덕으로 혼자 살아남은 오늘이가 마침내 계절의 선녀, 시간을 관장하는 여신으로 거듭나기까지의 모험을 묘사한 것이 바로 "원텬강본푸리"인 것이다. 그녀를 도와준 대사는 이무기, 용이 되기 직전 단계에 있는 구렁이 등, 파충류를 부르는 단어이다. 이 이무기가 용이 되는 과정은 설화에서는 문제의 인식과 그것의 해결로 나타났으며, <u>현대에 게임으로</u> 제작한다면 아이템 획득 등으로 나타낼 수 있겠다. 하지만 우

---

27) "등사한다". 무슨 뜻일까? 무녀들이 이 구절을 읊조리기는 하지만 의미까지 알려주지는 않는다. "등사"한다는 단어의 의미에 대해서는 다음 책에서 다루기로 한다. 살짝 귀띔하자면 원천강은 장소라기보다, 어떤 영역, 혹은 운명과 관련된 학문을 뜻할 수도 있다는 주장이 있고 상당히 설득력이 있다. 등사한다는 것은 움베르토 에코의 『장미의 이름』에서 성경을 필사하는 수도사들처럼 어떤 비서(秘書)를 베낀다는 뜻으로 해석되기도 한다. 즉 운명과 우주원리와의 관계에 대한 책, 오행서 등과 관련이 있다는 것이다. 예전에 巫는 신과 통하는 자, 제정일치 시대의 지도자를 뜻했다. 따라서 오늘이가 신녀가 되어 "원천강을 등사"하는 일은 지극히 자연스러운 결말이다. 여기 소개한 오늘이의 내용은 일제강점기에 조선총독부의 지원 아래 경성제국대학교 교수이던 赤松智城 외 몇몇 학자들이 채록, 연구한 책 『조선무속의 연구』의 채록본을 근간으로 다시 구성한 것이다. 현재 동문선에서 번역본이 나와 있다. "원천강 본풀이"의 주인공 오늘이는 대부분의 작가들이 서사무가에 관심이 없던 시절, 한국의 여신을 조명하는 시리즈 1탄으로 초록인이 기획해서 교학사에서 여신시리즈의 제 1 권으로 낸 책이다. 중생대 공룡들과의 관련성을 짚다보니 새삼 감회가 새롭다.

리의 관심은 다른 데 있다. 이런 식의 상징으로 나타나는 것이 혹시 파충류 특유의 생리학적인 과정에 대한 언어적 상징은 아닌가 하는 것이다. 독자들 모두 아시다시피 파충류는 허물을 벗는 동물이다. 즉 변태를 한다는 뜻이다. 사실 화석으로만 알게 된 공룡의 서로 다른 종으로 우리가 분류하고 있는 것들은 고생대 삼엽충의 변화무쌍하고 다양한 화석과 마찬가지로, 성체가 되기 전인 같은 공룡의 각 연령대 모습일 수도 있고 같은 종류의 암컷, 수컷일 가능성도 배제할 수 없다. 어미의 복강에 잉태된 채 묻힌 알 화석을 발견하지 않는 한 우리는 공룡이 성별에 따라 어떤 다른 특징을 가지는지조차 아직 모르는 상태이다.

그나마 혹여 알이 발견된다 하더라도 그것이 잉태된 것인지, 보아구렁이처럼 통째로 삼켜 위장에 들어있었던 것인지도 확실히 밝혀내기 힘들다. 따라서 공룡으로 되기 위한 변태선상에 있는 미성숙한 파충류의 일종이 이무기가 아닌가 하는 의문은 충분히 근거가 있다. 어쩌면 이무기가 여의주를 얻어 용이 되는 과정은 언젠가 디스커버리 채널에서 특집으로 다루었듯이 사실일 수 있다. 서양의 용이나 동양의 용이나 가장 강력한 용들은 입으로 불을 뿜는다. 이건 신화에서만 가능한 현상은 아니다. 이 가상현실의 다큐멘터리는 용의 숨에 섞인 특정 가스와 용들이 찾았던 암석이 화학반응을 일으킴으로써, 즉 여의주인 그 돌을 이빨 사이에 끼워 부싯돌처럼 씀으로써 불을 붙일 수 있었다고 추정해 본다. 상당히 신빙성이 있는 이야기이다. 양서류 중에도 조기류(경골 어류 중에서 지느러미에 근육이 없는 부류. 근육이 있는 부류는 육기류라고 부른다.)에서 진화한 동물은 부레의 흔적이 있듯이 불을 뿜는 용도 부레와 비슷한 기관에 수소나 메탄 등의 가스를 저장했을 가능성이 있다. 이 동물들이 변태를 끝내고 용이 된 후, 이들 물질과 접촉함으로써 고열을 낼 수 있는 원소를 함유한 암석을 구하면 불을 뿜을 수 있다는 가설 역시 가능하고 이를 목격한 사람들이 그 암석을 여의주라고 불렀을 수도 있다는 얘기다.

우선 기본적으로 생체가 뿜어내는 폭발가능 기체인 메탄을 살펴보기로 한다. 메탄은 공기 중 함량이 5~15%가 되면 산소와 결합해 이산화탄소와 물 분자로 바뀐다. 급격한 이런 화학반응의 물리적인 효과를 우리는 폭발이라고 부른다. 그런데 전제조건이 하나 있다. 고열로 그 화학반응이 일어나도록 해야 하는 것이다. 그러니까 점화 플러그가 필요하다. 전자기기가 없던 시절에도 우리 선조는 불을 사용했다. 부싯돌을 쳐서 섶에 불을 붙이면 작은 불씨에도 불이 활활 타오르는 섶이 주연료에 불을 댕겨 연료가 존재하는 한 내내 타오르게 하는 게 가능해진다. 용에게는 여의주가 있다. 이 여의주는 찬란하고 영롱한 오색 빛이 난다고 한다. 금강석 원석이나 석영 등이 포함된 암석은 보석처럼 반짝이며 빛이 그 입자를 통과할 때 굴절되면서 무지개색이 어린다. 우리가 부싯돌이라고 불러온 돌은 아주 단단한 돌, 즉 차돌이다. 차돌은 석영이 다수 함유된 화강암인 것이다. 용이 이 여의주를 윗니와 아랫니 사이에 끼우고 위아래 턱을 강하게 다물어 충돌시키면 순간적으로 고도의 마찰열을 발생시키는 게 가능하다. 동시에 기도로부터 메탄가스를 뿜는다면, 한 때 광화문에서 LNG가스통 벨브를 열고 불을 붙이며 시위를 벌였던 북파부대원의 화염처럼 적에게는 위협적인 무기가 된다. 따라서 용이 여의주를 물고 불을 뿜는다는 말은 결코 빈말이 아닐 수 있다는 것이다. 용이 되지 못한 이무기는 이 단단한 부싯돌, 즉 여의주를 얻지 못해 불을 뿜을 수 없는 용이거나 성숙하지 못한 개체라서 불이 붙을 정도로 메탄을 충분히 생산하지 못하는 어린 용일 수 있다. 결론은, 이무기는 완전한 공룡이 되기 전 단계, 즉 공룡이라는 파충류의 마지막 변태시기에 있는 동물을 부르는 이름이었을 수도 있다는 것이다.

책 속의 책

시간의 여신 **원천강 오늘이**

어느날, 쓸쓸하고 황량한 강님 들에 옥 같은 계집애 하나 나타났다. 배내옷 차림인 계집애를 발견한 사람들이 물었다.

"너는 누구지?"

계집애는 머리를 갸우뚱거리다가 대답했다.

"저는 강님들에서 솟아났습니다."

"성이 무엇이며 이름은 또 무엇이냐?"

계집애는 눈을 초롱초롱 빛내면서 말했다.

"성도 모르고 이름도 모릅니다."

"그러면 어떻게 지금까지 살아왔느냐?"

"내가 강님들에서 솟아날 때부터 학과 함께 살았습니다."

계집아이는 대답했다.

"학이 날아와서 한 날개를 깔아주고 다른 날개로 덮어 주었고 야광주를 물려주었습니다. 야광주에서는 때가 되면 밥과 마실 것이 나왔습니다."

"학과 함께 살았는데, 말은 어디서 배웠느냐?"

"학이 가르쳐 주었지요."

사람들은 깜짝 놀랐다. 혼자 들판에 버려진 아이 같지 않고 깨끗하고 건강하고 해맑았다.

"그래, 나이는 몇이나 먹었느냐?"

"그것도 모릅니다. 기억하는 건 기어 다니고 걸음마 할 때부터 언제나 학과 함께 있었다는 것뿐입니다."

사람 세상에서는 이름이 있어야 도움도 받을 수 있고 이런저런 소식도 주고받을 수 있는 법이었다. 사람들은 머리를 맞대고 의논했다.

"네가 태어난 것은 어제의 일이지만 세상에 나온 날은 오늘이요, 사람 세상에 발을 들여놓은 것도 오늘이니 네 생일을 오늘로 하고 이름을 오늘이라고 부르자꾸나."

그렇게 계집아이의 이름은 오늘이가 되었다. 이 아이를 어쩔꼬. 사람들은 일단 사람 세상에 나왔으니 더 이상 학이 돌볼 수 없음을 걱정했다. 하지만 갑자기 어디선가 솟아난 처녀애를 선뜻 거두기는 어려웠다. 오늘이는 바람이 등을 떠미는 대로 타박타박 걸어 다니며 그럭저럭 살아갔다. 하지만 길가에서 노니는 아기들도, 심지어 송아지까지도 제 어미를 찾아 젖을 먹었으며 어미는 새끼가 예쁘다고 핥아주었다. 그럴 때마다 오늘이의 마음에는 얼굴도 보지 못한 부모님에 대한 그리움이 사무쳤다. 인간세상을 모르고 살아갈 때에는 외로움을 몰랐으나 세상에 어우러져 살아가는 사람들을 보면서 외로움을 알았고 그럴 때는 서러움이 복받쳤다. 사람들은 가엾어 했지만 보듬어 주지는 않았다. 어느 날 오늘이를 보다 못한 아낙이 말했다.

"박이왕의 어머님인 백씨부인을 찾아가 보거라. 그 분은 앉아서 천리를 내다보는 분이시니."

오늘이는 물어물어 백씨부인을 찾아갔다. 백씨부인은 오늘이를 보자 물었다.

"너는 오늘이가 아니냐? 네 부모국[24]을 아느냐?"

오늘이가 알 리가 없었다.

"네 부모국은 원천강이다."

"부모님을 만나고 싶어요. 원천강은 어떻게 가야 해요?"

"서천으로 가 백사가의 별층당을 찾아가 보면 글 읽는 도령이 하나 있을 것이다. 그 도령에게 물어보면, 아마도 알려줄 것이다."

오늘이는 서천강가의 백사에 별층당을 찾아가 선 채로 누군가 나오기를 저물도록 기다렸다. 더 이상 지체할 수 없었다. 오늘이가 말했다.

"길가던 나그네이온데 들어가도 되겠습니까?."

그러자 청의동자가 하나 나왔다.

"누구십니까?"

"저는 오늘이라고 합니다. 도령님께서는 누구십니까?"

"나는 장상이라는 사람입니다."

장상은 날이 저물자 오늘이를 자기 집으로 맞아들였다.

"저를 찾아오신 연유가 무엇인지요?"

"부모님을 찾아가는 길입니다. 박이왕의 어머님이신 백씨부인께서 제 부모님이 원천강에 계신다는데 그 곳이 어디인지 도령께 여쭈라 하셨나이다."

"가다보면 연꽃이 피어있는 연못이 있습니다. 그 못가에 연꽃나무가 있습니다. 그 연꽃 나무에게 물으면 알려줄 겁니다."

---

24) 제주 서사무가 연구 자료에 의하면, 여기서 말하는 부모국은 나라라기보다 부모가 현재 어떤 역할을 하는 사람들인지에 대한 질문이었을 가능성이 높다. 오늘이의 여정은 다음 책에서 따라가 보기로 한다.

다음날 인사하고 오늘이가 떠나려하자 도령이 말했다.

"저는 여기서 글만 읽어야 한다는 옥황님의 분부를 받았습니다. 하지만 왜 그래야 하는지 모르겠습니다. 가시거든 좀 알아봐 주십시오."

"그러지요."

오늘이는 장상도령과 헤어져 연꽃이 흐드러진 연못까지 가게 되었다. 모든 연꽃이 함께 어우러져 벙글어졌는데 홀로 고고하게 선 연꽃나무가 외로워 보였다. 오늘이가 물었다.

"연꽃 나무야. 원천강에 가는 길을 알고 있니?"

"무슨 일로 원천강을 가는데?"

대답 대신 연꽃나무가 물었다.

"나는 오늘이라고 부른단다. 부모님께서 원천강에 계신다기에 찾아가는 중이란다."

연꽃은 반가운 얼굴로 간절하게 말했다.

"원천강에 가게 되면 내 팔자도 좀 알아다 주련?"

"팔자라니?"

"뿌리도 없이 물 위에 사는 연꽃들은 저렇게 활짝 피어 즐거워하는데 나는 윗가지에만 꽃이 피고 아랫가지에는 영 꽃이 피지를 않는구나. 원천강에 가면 그 이유를 꼭 좀 알아다 다오. 원천강은 멀고 또 먼 곳이란다. 내가 그걸 말해 준다고 해도 천리길이라 한 번 듣고 찾아가기 힘들 것이야. 우선 이 길을 쭉 따라가다 보면 청수와당이라는 바닷가가 나온단다. 거기 가면 이무기가 하나 살고 있어. 그 이무기에게 물어보면 알려줄 거야."

오늘이는 연꽃나무와 헤어져 걷고 또 걸어 청수와당가에 왔다. 과연 커다란 이무기 하나가 빛나는 야광주를 가지고 놀면서 이리뒹굴 저리뒹굴 하루를 게을리 보내고 있었다.

"안녕, 이무기야? 난 오늘이라고 해. 원천강을 찾아가야 하는데 길을 모르겠구나. 연꽃나무에게 물으니 네가 안다던데 내게 길을 좀 가르쳐 주겠니?"

"그야, 어려울 것 없지. 하지만 내 부탁도 하나 들어줘야 가르쳐 줄 테야."

"어떤 부탁인지 말해 봐."

"남들은 야광주를 하나만 물어도 용이 되는데, 나는 왜 세 개나 가졌는데 용이 되지 않는 거지? 네가 원천강에서 알아다 줘."

오늘이가 쾌히 그러마고 하자 이무기는 오늘이를 등에 태우고 청수와당을 헤엄쳐 건넜다.

"이 길을 따라가다 보면 매일[25]이라는 사람을 만나게 될 거야. 거기서부터는 매일이가 알고 있으니 매일이에게 물어 봐."

오늘이는 이무기가 가르쳐 준 길을 따라 매일이가 산다는 곳을 찾아갔다. 그 곳에도 장상도령네 집처럼 별층당이 있었고 매일이는 청의동자 장상도령처럼 글을 읽고 있었다. 오늘이가 찾아온 사정을 말하자 매일이도 똑같은 부탁을 했다. 왜 그곳에서 매일 글만 읽어야 하는지 알고 싶은 것이었다.

"여기서 하룻밤 자고 내가 알려줌 길로 가다 보면 궁녀들이 울고 있을 거예요. 그 궁녀들이 길을 잘 알고 있으니 거기서 다시 물어 가도록 하세요."

오늘이는 다음날 매일이가 알려줌 길을 따라 갔다. 우물가에서 궁녀들이 물을 푸다가는 울고 울다가는 다시 물을 푸고 있었다.

"무슨 일이에요? 제게 알려 주실 수 있어요?"

궁녀들은 울며 말했다. 그녀들은 원래 옥황의 시녀들이었는데 죄를 지어 땅으로 내려왔다고 했다. 그 우물물을 다 퍼내고 오라는 벌을 받았는데 바가지에 큰 구멍이 뚫려 있어 물을 풀 수 없다는 것이었다. 오늘이는 정당풀을 베어 엮은 후 바가지에 대고 송진으로 붙여 구멍을 메워 주었다. 바가지를 고친 후 오늘이는 정성 들여 옥황상제께 그들을 용서해 달라고 기도를 드렸다. 그런 후 물을 푸자 곧 우물의 물은 바닥이 났다.

"우리는 원천강을 잘 알고 있어요. 옥황을 가려면 원천강을 지나야 하니 우리가 거기까지 데려다 주겠어요."

오늘이는 선녀들과 함께 걷고 또 걸어 드디어 원천강에 다다랐다.

"여기가 원천강입니다. 우리를 도와주신 것처럼 가는 곳마다 사람들을 행복하게 해 주시어요. 그러면 오늘 아씨도 행복해 지실 겁니다."

궁녀들은 절을 하고는 옥황으로 바삐 가버렸다.

원천강에는 왔는데 원천강은 만리나 되는 장성으로 둘러싸여 있어 아무리 들어가려해도 갈 수가 없었다. 오늘이는 문지기에게 다가갔다.

"누구냐?"

문지기가 험악하게 물었다.

"저는 오늘이라고 합니다. 우리 부모님께서 원천강에 계시다는 말을 듣고 천리길을 찾아왔습니다. 저를 안으로 좀 들여보내 주십시오."

---

25) "내일이"라고 하는 전승본도 있다.

"이곳이 아무에게나 문을 함부로 열어주는 곳이 아니니 썩 물러나거라~!"

아무리 애걸복걸 매달려도 문지기는 냉정히 같은 말만 되풀이 했다.

하늘이 무너지는 것 같았다. 오로지 부모님을 만나겠다는 생각으로 발에서 피가 흘러도 배가 고파 하늘이 노래져도 참고 또 참았다. 하지만 이제는 절망만 남아 있었다. 오늘이는 이렇게 뒹굴며 울부짖는다. 서사무가의 사설을 살려가며 옮겨보면 이렇다.

"수백만리 인간세상 멀고 먼 곳에서 처녀 몸으로 혈혈단신 천산만산 굴미굴산, 바다 만리, 이역만리 온갖 고생 참고 부모국 찾아왔건만 무참히 희망이 깨져 버렸구나, 이 문만 넘어가면 내 부모 있으련만, 죽음을 불사하고 이 문 앞에 왔건만 원천강 신인들은 무정도 하다. 박정한 문지기야, 무정한 신인들아. 그립던 어머님아, 그립던 아버님아."

피를 토하듯이 오늘이가 뒹굴며 우는 장면에 빙의되어 무녀 역시 이렇게 울부짖는다.

"빈들에 홀로 울던 이 처녀, 선산만하 넘을 적에 외로운 처녀, 부모국의 문 앞에 외로운 처녀! 부모는 다 보았나, 내 할 일 다 했나! 강님에 돌아가서 무엇하리, 여기서 죽자. 날 믿고 팔자(八字) 부탁한 저 가련한 중생들은 어찌할까? 내가 받은 모든 은혜 어찌할까?"

이렇게 흐느끼자 "돌 같은 문지기의 염통에도 눈물의 동정이 우러난다."

문지기도 눈물을 흘리며 오늘이 부모님이 있는 궁에 가서 이 사실을 아뢰었다. 하지만 오늘이의 부모님은 이미 이 사실을 다 알고 있었다. 오늘이의 처절한 울음소리가 그곳에서도 들렸던 것이다. 원천강을 돌보는 부모는 오늘이를 불러들였다.

오늘이는 그렇게 인자한 부모님이 빈 들에 아기였던 자신을 버려둔 이유를 알 수 없었다. 그래, 부모님께 그동안 청학이 키워준 이야기, 백씨부인의 말을 듣고 그들을 찾아온 이유를 말했다.

"너는 우리 딸이 분명하다. 너를 낳은 날에 옥황상제가 우리를 불러서 원천강을 지키라고 했단다. 어느 명이라 거역하겠느냐? 할 수 없이 여기 있게 되었지만 네가 하는 일을 다 보고 있었단다. 너를 돌보는 청학을 보낸 것도 우리였지. 우린 아직도 원천강을 지켜야 한단다. 하지만 이 먼 길을 왔으니 원천강이 어떤 곳인지, 네 부모가 무엇을 하고 있는지 구경이나 하고 가도록 해라."

오늘이는 만리나 되는 장성의 동서남북으로 나 있는 문을 하나하나 열어보았다. 어떤 문안에서는 봄의 꽃향기가 났다. 어떤 문에서는 신록이 짙푸르르고 여름 벌레소리가 들렸으며 다른 문들에서는 꽃보다 붉은 단풍이 흩날렸고 눈보라가 치고 함박눈이 소복소복 내렸다. 그 곳은 시간의 곳간, 계절을 담아 둔 곳이었다. 시간의 성인 원천강을 다 둘러본 오늘이가 돌아가기 전에 원천강 가는 길을 알려준 은인들이 자신에게 부탁했던 것들을 부모님에게 물어보았다. 그러자 부모님이 말했다.

"장상이와 매일이는 부부가 되면 만년 영화를 누릴 것이요, 연화나무는 윗가지의 꽃을 따서 처음 만나는 사람에게 줘 버리면 다른 가지에도 꽃이 만발할 것이며, 이무기[26]는 야광주를 한 개만 물었으면 용이 되었을 텐데 너무 욕심을 많이 가져서, 세 개를 물어 버리니 용이 못된 것이다. 그러니 처음 만나는 사람에게 두 개를 주어 버리면, 곧 용이 되리라. 그리고 너도 그 야광주들과 연화를 가지면 신녀가 되리라."

오늘이는 돌아오는 길에 매일이를 장상이에게 데려다 주었고 이무기에게는 부모님께 들은 대로 말해 주었다. 그랬더니 이무기는 야광주 두 개를 오늘에게 주었다. 그 순간 뇌성벽력이 울리며 이무기는 용으로 변해 승천했다. 연화나무에게도 들은 대로 말하자 윗가지의 꽃을 꺾어 오늘이에게 주었고 곧 가지마다 하얗고 향기로운 꽃이 활짝 피어났다. 장상과 매일이는 만나서 백년가약을 맺고 세상에서 영화를 누리게 되었다. 오늘이는 야광주 하나를 백씨부인에게 감사의 선물로 주고 연꽃과 야광주를 가지고 옥황으로 가 신녀가 되었다. 즉, 계절과 시간을 관장하는, 시간의 여신이 된 것이다.

---

26) 제주도 만신들의 채록본에서는 이무기를 천하대사(天下大蛇)라고 부른다.

책 속의 보너스
박물관・음식점・숙박정보

코리아케라톱스
화성엔시스네 놀러가면
무얼 먹을까?

탄도항: 사진제공 조선대학교 송종준 교수

1. 코리아케라톱스 화성엔시스네 놀러가면 무얼 먹을까?
1-1. 물레방아

물레방아는 경치 좋은 제부도에 있는 아름다운 곳이다. 내부 인테리어는 시골 향취가 물씬 묻어난다. 조롱조롱 매달린 마른 마늘, 나무기둥 뒤로 보이는 계절의 꽃들, 겨울이면 흰 눈이 소복하니 쌓이겠다. 마당에는 강아지와 오리 우리가 있는 등, 옛 시골뒷마당을 떠오르게 한다. 그리고 어린시절 시내를 낀 어느 여행지의 모습처럼 물레방아가 저 혼자 졸졸 흐르는 물소리에 맞춰 돌아가고 있다.

한번 드셔보신 분은 꼭 다시 찾는 특별한 맛을 느껴보세요!!!
항상 손님들의 건강을 먼저 생각하여 언제나 음식 하나 하나에 정성을 다하고 맛깔스러운 음식을 제공해드릴 것을 약속드리겠습니다.

물레방아 식당 메뉴

영양돌솥굴밥	게장정식
영양돌솥밥	보쌈
통낙지한마리칼국수	홍어삼합
통낙지한마리수제비	새우찜
보리밥정식	해물파전
북어국	도토리묵
오징어덮밥	생굴
낙지덮밥	골뱅이사리
새우덮밥	낙지볶음사리
황태구이정식	

이곳은 바지락 칼국수 전문점인데, 칼국수에 낙지를 통으로 한 마리 덥석 넣어주는 인심 좋은 곳이다.

영양돌솥밥, 해물파전, 황태구이 정식 등이 있지만 "물레방아"에서 딱 하나의 메뉴를 선택하라고 한다면 낙지가 들어간 요리를 선택하는 게 좋다, 그만큼 싱싱한 낙지를 통으로 넣어주는 것이 특징이다. 낙지가 특별히 싱싱하고 맛있다는 뜻이지 이 음식만 내세울 거리라는 뜻은 아니다. 밑반찬과 다른 음식도 상당히 다양하고 맛깔스럽다.

☎ 031) 357-1476

1-2. 어부의 집

A(100,000원) ~ D(70,000)까지 해물 중심의 다양한 코스가 있다. 특징이라면 각 코스 요리에 포함된 조개구이는 무한리필이라는 사실이다. 조개구이를 먹고 싶어 주로 화성시 해안을 찾는 고객이라면 무제한 조개구이에 회, 국수, 대하구이뿐만 아니라 한식의 다양한 반찬들을 맛볼 수 있는 "어부의 집"에 들를 것을 권한다. 조개구이 마니아의 이곳에서의 한 끼는 로또 맞은 듯한 행운이라고 할 수 있다. 오로지 조개구이를 먹기 위한 목적으로 서해안을 자주 찾던 필자에게도 이것은 적어도 로또 4등 정도의 행운이었다.[로또 4등은 5~10만 원 정도의 당첨금이 지불되었던 것 같다.]

☎ 031) 357-6040

1-3. 시골마당

시골마당은 해물영양굴밥이 일품이다. 칼국수 전문점이기도 하다. 반찬은 다소 간단한데 양파와 고추초절임과 김치 등이다.

기계로 빼낸 인스턴트 국수가 아니고 직접 손으로 반죽하고 밀고 썰어서 만드는 손칼수집이다. 해물칼국수, 바지락칼국수 등이 있다. 그 외 식단은 여느 한식집과 그리 다르지 않다.

국수나 굴밥을 싫어하는 사람들도 식사할 수 있도록 간장계장이나 닭도리탕,

김치갈비 전골, 파전이나 도토리 묵 등도 제공되므로 선택폭은 넓은 편이다.
☎ 031) 357-5436

1-4. 유람선이 있는 회집[28]

유람선이 있는 회집의 별미는 뭐니뭐니해도 살아있는 생선을 바로 회를 떠서 제공하는 회 요리들이다. 어느 회집이나 제공되는 메뉴는 비슷비슷하지만 유람선이 있는 회집의 음식은 특히 신선도로 승부한다.

회감을 떠 내고 난 후 뼈와 부산물로 얼큰하게 끓여낸 찌개에 미나리를 얹어 먹는 매운탕이 일품이다.

몇 점 남지 않은 살. 이렇게 적은 회를 팔리는 만무하다. 필경 거의 다 먹을 때까지도 음식의 주인이 사진을 찍어야 한다는 사실조차 잊어버릴 만큼 맛이 있었다는 뜻일게다.

백문이 불여일견(百聞不如一見)이라. 메뉴가 무엇이라고 사설을 풀어놓는 것

---

28) 출처: 「두레산들농장」 /간호사 농부의 힐링 이야기…: http://blog.naver.com/heal126
여기 사용된 사진은 친환경 농법으로 재배한 우리 먹거리 이야기를 다루는 최에스더(heal1126) 블로거의 홈페이지에 실린 사진들로서 저작권자의 허락을 얻어 게재합니다.

보다 보여주는 게 나을 듯하다. 유람선이 있는 회집에서 기본적으로 제공되는 반찬이다. 왕새우, 소라, 떡, 땅콩, 번데기도 보인다.

"유람선이 있는 회집"에 들르기 전에, 식사 전의 여행이 무료했다면 식사를 한 후 이 집 여자 사장님이 운영하는 유람선 여행 프로그램에 참여해 보는 것도 좋은 추억이 될 듯하다. 식사를 마치고 유람선을 타고 궁평항을 돌아보거나, 반대로 유람선을 탄 뒤 시장기를 느낄 때 와서 밥을 뚝딱 먹으면 될 듯하다.

날마다 보는 바닷가가 지루한지 갈매기들은 모두 발밑만 보고 있다.

2. 고성 공룡들과 놀다 배 고플 땐 무얼 먹을까?[29]

2-1. 천황식당

천황식당은 사골육수로 밥을 짓는다. 여기서는 일곱 빛깔의 꽃밥이라는 의미의 "칠보화반"이라는 진주비빔밥을 제공한다. 진주는 물이 자작한 나물에 해물을 삶은 물을 부어 밥을 촉촉하게 비벼내는 80년 전통 진주비빔밥 명가다. 석쇠불고기도 유명하다.

☎ 055)741-2646

2-2. 진주냉면

평양냉면이 메밀면에 꿩고기 육수, 동치미 국물을 넣어 맛이 시원하고 깔끔한 반면 진주냉면은 홍합, 표고버섯, 바지락 등을 우려낸 해물육수에 조선간장을 넣어 만든다.

☎ 055-750-2525

그 외 냉면집 정보

업소명	메뉴	전화번호	위치
도동지역			
깐돌이 냉면	냉면, 돼지갈비, 삼겹살	763-0033	금산로 70(금산면)
서박사 칡냉면	냉면	758-5823	동부로 1357-10(진성면)
송아	냉면, 돼지갈비, 갈비탕	752-3643	큰들로 56(상평동)

29) 더 많은 업소와 자료 및 전화번호를 원한다면 진주시청 홈페이지[www.jinju.go.kr]를 방문해 문화관광과에서 올린 목록 및 해설을 참조하기 바란다. 조리법 등의 내용은 다음 책 참조: "손현주, 계절 밥상 여행, 2013, 서울, 앨리스(e-book), 공급원: ㈜북큐브네트웍스."

왕칡냉면	냉면, 비빔밥, 선지국밥	754-3560	큰들로 82(상평동)
옹고집한우냉면	고기류, 육회, 육전, 냉면	743-0011	하대로 69(하대동)
하연옥하대점	진주냉면, 온면, 비빔밥	758-9077	대신로 383(하대동)
강남, 칠암지역			
사천냉면	냉면, 수육, 육전	753-3075	강남로 177번길 17(칠암동)
황포냉면	냉면, 만두, 육전, 수육	762-7433	호탄길 34번길(호탄동)
신안, 평거, 판문지역			
은천칡냉면	냉면, 곰탕, 수육, 만두	743-2030	남강로 497-2(신안동)
진주냉면들말점	진주냉면, 육전, 소고기	745-2000	평거로 13번길 21-1(평거동)
하연옥	진주냉면, 진주온면, 진주비빔밥	741-0525	진주대로 1317-20(이현동)

2-3. 진주 교방 한정식

진주의 한정식은 맛도 일품이지만 화려하면서도 깔끔한 그림을 보는 듯한 미적 감각이 놀라울 정도이다. 아래 이미지는 일반적인 진주 한정식의 특징을 잘 보여준다.

마치 하얀 비단 위에 한 땀 한 땀 정성 들여 수놓아 만든 손수건 같은 아름다움이다. 진주에는 깔끔한 한정식집이 많이 있는데, 그 중 유명한 집을 추려보면 다음과 같다.

진주시청 홈페이지를 참조하면 이 외에도 가야밀면(055- 748-9787) 등의 많은 맛집 정보를 얻을 수 있다.

2-4. 허기를 채우는 탁월한 경제적 선택은?

오랜 여정으로 에너지를 많이 소비한 여행객이 자신이 먹고 싶은 음식을 실컷 요것조것 골라 먹을 수 있는 음식점도 있을까. 물론이다. 뭐니 뭐니 해도 그런 음

식점이라면 뷔페가 최고이다. 삼성패밀리 뷔페 레스토랑은 180여가지가 넘는 세계 각국의 음식을 아주 저렴한 가격에 맛볼 수 있는 곳이다. **점심특선은 11000원**대이다. 앞으로 오를 수도 있겠지만 급격한 상승은 없을 전망이다. **평일 저녁에는 16,500원, 주말에는 18,700원**이다.

2-5. 진주 헛제삿밥

전, 갖은 나물 등, 제사에 쓰는 소재를 넣어 비벼먹는 것을 헛제사밥이라고 한단다. 제사정식과 함께 사장님이 직접 담근 동동주가 일품이라고 소문난 집이다.

☎055-761-7334

2-6. 수복빵집30)

수복빵집은 60년대의 아련한 기억을 떠올리게 하는 수수한 분식집이다.
수복빵집에는 그 당시 순수했던 사람들의 풋풋한 인심이 있다. 요즘 팥값이 천정부지로 솟아서인지 팥빙수에 팥이 많이 들어갔거나 전문 죽집의 단팥죽 값은 8000원을 넘는다. 하지만 이곳만은 아직도 착한 가격을 유지하고 있다. 찐빵

---

30) 여기 실린 이미지의 저작권은 음식을 주제로 운영하는 블로그, "blog.naver.com/yumyumpanda"의 운영자(닉네임 "청개구리")님께 있습니다.

3000원, 단팥죽 5000, 팥빙수 6000원이다. 수복 단팥빵은 팥빵 위에 달콤한 팥물을 얹어주는 독특한 먹거리이다. 게다가 계피 향까지 곁들여 그리움을 자극하는 맛이다. 여름에는 팥빙수로 더위를 식힐 수 있다. 이 외 자세한 다른 정보를 원한다면 진주시 문화관광과[055-749-2055]에 전화하면 친절하게 상담해 준다.

2-7. 그 외, "놀명 쉬명" 들러볼 곳들

중생대 공룡들을 만나는 박물관 투어를 마치고 돌아가는 길에 마지막으로 놀명 쉬명[31] 한려수도를 둘러보는 것은 이 여행을 후회 없이 해 줄 것이다. 통영은 한국의 나폴리라고 부르지 않는가? 그래서인지 층층이 산을 감싸고 있는 다랭이 논밭이 가장 한국적이면서도 동시에 상당히 이국적인 느낌이 드는 곳이다. 이 곳 사람들은 자신들의 고장이 유치환의 고향이라는 자부심도 대단하다. 통영에 오면 반드시 소매물도와 등대섬을 들르라고들 말한다. 소매물도에는 대단한 음식은 없지만 매점에서 파는 팥빙수, 겨울이면 따끈한 커피가 일품이다. 여름에는 살아있는 문어와 멍게 해삼이 싱싱하다.

포항도 고성공룡박물관에서 가까운 곳이다. 이곳에는 경상도 특유의 신선한 해산물을 이용한 요리집이 도열해 있다.

---

31) 이것은 조인성과 주진모, 그리고 송지효가 출연했던 영화 쌍화점에서 공민왕이 불렀던 노래이다. 당시 유행하던 노래였는데, 지금으로 치면 대중가요 중에서도 남녀상열지사라 왕이 부를 노래는 아니지만, 여튼 그 문란하던 고려말이 배경인 고려가요이다. 『악장가사』에 실린 내용은 다음과 같다. 머리도 식힐 겸 쌍화점 1절을 눈요기로 볼까 한다.: 솽화뎜(雙花店)에 쌍화 사라 가고신디/휘휘(回回) 아비 내 손모글 쥐여이다./이 말ᄉ미 이 店(뎜) 밧귀 나명 들명 /다로러거디러 죠고맛감 삿기광대 네 마리라 ᄒ리라/더러둥셩 다리러다러 다리러디러 다로러거디러 다로러/긔 자리예 나도 자라 가리라 위 위 다로러거디러 다로러/긔 잔 ᄃᆡᆺ 티 덦거츠니 업다.{쌍화(만두)가게에 만두 사러 갔더니만/아랍 사내가 내 손목을 쥐더이다./이 소문이 이 가게 밖을 나가고 들어오며 소문이 난다면/조그마한 어린 광대(심부름 하는 아이) 네 말이라고 생각할 테야./[어허라 얼씨구 절씨구 등의 후렴구인데 당시 쓰던 악기 의성어인 듯]]/거기에 나도 잠자리 가지러 갈 게야./["아무렴, 그렇지! 에라디야," 정도의 신명 나는 후렴구나, 악기 소리']/그 잠자리 가진 데만큼 더러운 데는 없어라.}/[이하 생략] 눈치 빠른 독자는 파악했을 것이다. 이 소제목이 바로 고려시대의 동사활용 법칙에 따라 어미변화를 시켰다는 사실을. 그리고 사투리를 좀 할 줄 아는 사람이라면 다음 순간 깨달을 것이다. 몽고의 말 사육목장이 있던 제주도 사투리가 고려시대 말과 상당히 비슷하다는 것을.

* 까꾸네

경상북도 포항시 남구 구룡포읍 957-3

054) 276-2298

* 조포네

즉석에서 잡은 생아귀로 요리한 아귀탕을 조리한다. 꽁치 물회도 주메뉴 중 하나다.

054)276-1219

* 함흥식당

실향민 후손이 운영하는 식당인 모양인데, 함흥냉면이나 가자미 식혜 같은 요리가 아니고 경상도식의 밀복국과 복껍질 요리가 일품이란다.

054)276-2348

* 삼오식당

식감이나 맛이 익숙하지 않은 사람이면 녹록치 않겠지만 고래 고기를 맛보고 싶은 사람이라면 포항 특산물인 고래 고기 전문점인 삼오식당을 이용하면 되겠다. 이 외, 지역특산물 등을 선물하고 싶으면 구룡포읍사무소[054)276-2565]나 포항시청[054)270-2114] 등에 문의하면 친절하게 가르쳐 준다.

054)276-3215

*죽도시장

조리가 가능한 숙소에 묵고 있다면 죽도시장에서 고래 고기, 문어 등을 사서 직접 조리해도 좋고 말린 미역귀 등, 특산물을 선물로 사 볼만도 하다. 또 포항을 거쳐 영덕에 이르면 마치 중생대 갑각류가 살아 나온 듯한 크고 무섭게 생긴 대게를 솔잎에 쪄 낸 대게찜을 맛보고 가야 후회를 안 한다. 또 혹시 봄에 여행을 하게 되어 한국의 나폴리 통영에 이르게 된다면 '도다리쑥국'을 꼭 맛보시라.

* **통영우체국**

유치환이 "사랑하는 것은/사랑을 받느니보다 행복하나니라./오늘도 나는 에머랄드 빛 하늘이 환히 내다뵈는/우체국 창문 앞에 와서/너에게 편지를 쓴다."라고 시조시인 이영도에게 사랑을 고백했던 그 통영우체국에도 꼭 들러 사랑하는 사람들에게 엽서라도 한 장 날릴 것을 권한다. "사랑하였으므로 나는 진정 행복하였네라." 틀림없이 이런 넉넉한 낭만에 젖게 될 것이다.

그 외 음식점들

업소명	메뉴	전화번호	위치
도동지역			
송연한정식	생선정식, 게장정식	756-5358	대신로 255번길 21-1(상대동)
송화한정식	한정식	753-4443	도동천로 82(상대동)
이조식당	한정식(돌솥밥)	758-4115	도동로240번길 5(하대동)
진상	떡갈비정식, 민물장어정식	762-2112	솔밭로140번길 16(상대동)
향원	한정식	761-6688	모덕로 147번길 8-9(상대동)
황제	한정식, 떡갈비정식, 장어정식	759-5303	모덕로 96번길 8(상대동)
시내지역			
오동나무집	한정식, 비빔밥, 반계탕	741-2387	비봉로62번길 11-1(계동)
강남, 칠암지역			
참고을	한정식	753-8802	진주대로 832-12
신안, 평거지역			
아리랑한정식	한정식(교방음식)	748-4556	남강로 471번길 5(신안동)
촉석루	한정식	747-5431	천수로 301(신안동)

알아두면 편리한 고성의 저렴한 숙소 주소 및 전화번호

업소명	소재지	문의전화	객실수
V모텔	경남 고성군 하이면 덕명리 15-2	055)834-6255	10
가야모텔	경남 하이면 월흥리 979-2	055)835-5690	15
르네상스모텔	경남 고성군 하이면 월흥리 1204-3	055)835-9767	14
용타운	경남 고성군 하이면 덕명리 147	055)835-8900	10
숙이민박	경남 고성군 하이면 덕명리 28-4	055)834-5819	4
쌍발민박	경남 고성군 하이면 덕명리 51-2	055)834-5745	6
용골민박	경남 고성군 하이면 덕명리 30-3	055)832-3489	6
제전민박	경남 고성군 하이면 덕명리 32	055)834-6223	8
평화민박	경남 고성군 하이면 덕명리 15-10	055)834-5977	6
해변민박	경남 고성군 하이면 덕명리 28-2	055)834-5482	5
공룡펜션민박	경남 고성군 하이면 자란만로719-4(월흥리 953-7)	010-8730-7979	4

일정이 넉넉한 여행자를 위한 TIP) 대한민국의 모든 박물관

대한민국의 국·공립 박물관[공룡관계 자료와 자연사 자료가 많은 박물관: 빨간색 글씨]	
서울특별시	서대문자연사박물관, 서울교육사료관, 서울시립미술관, 서울역사박물관, 전쟁기념관, 지구촌민속교육박물관, 허준박물관,
부산광역시	복천박물관, 부산근대역사관, 부산박물관, 부산시립미술관, 부산해양자연사박물관
대구광역시	대구약령시한의약박물관, 대구방짜유기박물관
인천광역시	강화역사박물관, 검단선사박물관, 부평역사박물관, 송암미술관, 수도국산달동네 박물관, 인천개항박물관, 인천광역시립박물관, 인천서구녹청자박물관, 한국이민사박물관
광주광역시	광주시립미술관, 광주시립민속박물관, 남도향토음식박물관.
대전광역시	대전시립미술관, 대전선사박물간, 대전역사박물관, 대청호자연생태관, 한밭교육박물관
울산광역시	울산박물관, 울산대곡박물간, 울산암각화박물관
경기도	가평연암농경유물박물관, 경기도미술관, 경기도박물관, 구리시곤충생태관, 남양주역사박물관, 국립과천박물관, 화성공룡박물관, 성호기념관, 수원광교박물관. 수원박물관, 수원화성박물관, 실학박물관, 이천시립월전미술관, 자유수호평화박물관, 장사과학박물관, 전곡선사박물관, 하남역사박물관.
강원도	DMZ박물관, 대관령박물관, 동강사진박물관, 삼척시립박물관, 속초시립박물관, 아리랑학교추억의박물관, 양구백자박물관, 양구선사박물관, 애니메이션박물관, 오산리선사유적박물관, 원주역사박물관, 정선향토박물관, 춘천막국수체험박물관, 태백고생대자연사박물관, 태백석탄박물관, 화진포해양박물관, 화천민속박물관
충청남도	고남패총박물관, 기지시줄다리기박물관, 백제군사박물관, 보령석탄박물관, 석장리박물관, 정림사지박물관, 천안박물관, 충청남도역사박물관, 합덕수리민속박물관.
충청북도	난계국악박물관, 내싱오니술관, 신선땡낙돌관, 성수고민쇄낙돌관, 성수백세뉴돌선시관
경상남도	거제조선해양문화관, 거창박물관, 경남도립미술관, 고성공룡박물관, 대성동고분박물간, 밀양시립박물관, 사천향토역사관, 양산시립박물관, 진주청동기문화박물관, 창녕박물관, 창원시립마산박물관, 창원시립문신미술관, 합천박물관.
경상북도	경산시립박물관, 경상북도산림과학박물관, 김천세계도자기박물관, 대가야박물관, 독도박물관, 문경석탄박물관, 상주자전거박물관, 안동민속박물관, 영일민속박물관, 옛길박물관, 전통문화콘텐츠박물관, 청송민속박물관, 포항시립미술관
전라남도	강진청자박물관, 목포문학관, 목포생활도자박물관, 목포자연사박물관, 영암도기박물관, 전라남도농업박물관, 전라남도옥과미술관, 한국대나무박물관, 한국차박물관, 한국천연염색문화관, 해남공룡박물관.
전라북도	고창고인돌박물관, 남원향토박물관, 마한관, 미륵사지유물전시관, 벽골제농경문화박물관, 순창장류박물관, 왕궁리유적전시관. 익산보석박물관, 전라북도산림박물관, 전북도립미술관, 전주역사박물관, 전주전통술박물간, 진안역사박물관.
제주특별자치도	감귤박물관, 기당미술관, 이중섭미술관, 제주교육박물관, 제주특별자치도 민속자연사박물관, 해녀박물관.

Bon Voyage!